AF234736

Inhaltsverzeichnis

© 2020 Bernd Schubert
Herstellung und Verlag: BoD – Books on Demand, Norderstedt
ISBN: 978-3-7519-0681-4

Prolog

Die Stadt Memmingen, eine mittelgroße, kreisfreie Stadt in Bayern baut auf. Ein neues Schwimmbad erhält Memmingen. Ein neuer Supermarkt wird in ein paar Monaten eröffnet, errichtet ist er schon. In Neu-Ulm, die Stadt, in der ich letztes Jahr eine Taxikonzession haben durfte, aber ablehnte, ist vor ein paar Jahren ein riesiges Einkaufszentrum entstanden. Auch sind für Zuziehende Wohnblöcke hochgezogen worden, sodass die Einwohnerzahl auf 53.000 angestiegen ist. Im Vergleich zu Neu-Ulm ist Memmingen kleiner und hat 40.000 Einwohner.

Aber wie kommt es soweit? Bürgermeister und Stadträte müssen einsehen, dass es nicht reicht, was sie bisher vollbracht haben. Bürger der Stadt Memmingen mussten vor 10 Jahren bis heute noch Entbehrungen auf sich nehmen und zum Schwimmen und Baden in eine 40-km-entfernte Stadt fahren, da Memmingen den Bau eines Bades nicht fertig brachte. Vor 5 Jahren zogen in Illertissen die Badepreise an. Somit war es für Memminger nicht mehr interessant, dort zu schwimmen. Dazu kamen ja dann auch noch die Kosten für den Sprit, den sie in Kauf nehmen mussten. Ich selbst gehe schon 20 Jahre nach Illertissen zum Baden. In Memmingen hatte ich nie ein vernünftiges Schwimmbad. Das heißt, dass mir 20 Jahre, ich bin heute 42, verloren gegangen sind, was den Badespaß und eine gute Erholung nach der Arbeit angeht. Für die heute 20-jährigen kommt das Glück mit dem neuen Bad in Memmingen endlich. Kempten und Neu-Ulm sind Memmingen auch weit voraus, was die Einkaufszentren betrifft. In meiner Heimatstadt gibt es einen veralteten Illerpark, der schon längst überholt und erweitert gehört. Der Möbelriese Ikea, der eine große Filiale am Stadtrand von Memmingen bauen wollte, hätte aus Memmingen fast schon eine Großstadt gemacht. Leider entschied sich der Ikea aber wegen einer Änderung seines

Geschäftsmodells anders und der Möbelgigant ließ nicht am Stadtrand bauen. Er hätte sich einen Bau in der Innenstadt vorgestellt. Soweit zur Stadt aus der ich komme und in der ich wohne.

Mein Berufsleben hätte ich mir anders vorgestellt, aber es hat sich eben alles so ergeben, wie ich es nachfolgend beschreibe:

Der „zentrale Beruf" war eigentlich der als Bankkaufmann, weil ich den 5 Jahre lang ausübte. Industriekaufmann war ich nach abgeschlossener Ausbildung nur 1 Jahr, da ich im „falschen" Betrieb war. Ein Taxi-/Mietwagenunternehmen besaß ich außerdem noch für 2 Jahre. Es bestand nur für diese relativ kurze Zeit, da das Auftragsvolumen nach 1 ½ Jahren unaufhaltsam nach unten sank.

Die erste Phase der Betreuung war spektakulär. Es begann mit einem Besuch meines Betreuers in meiner Wohnung, die ich zu der damaligen Zeit gemietet hatte, und zwar die 70 qm Erdgeschosswohnung mit Garten. Der Betreuer meinte, nachdem er nur ein bisschen mit mir gesprochen hatte, ich müsste zu einem Arzt gehen und Psychopharmaka nehmen. Dann ging er wieder. Da ich ja nun einen Betreuer hatte versuchte ich ihn telefonisch zu erreichen wegen einer Abhebung von 50,- €, die nicht funktionierte, für den Lebensunterhalt. Leider ging er nicht ans Telefon. Ich hoffte, der Betreuer würde mit der Bank klären, weshalb ich kein Geld mehr am Geldautomaten oder am Bankschalter bekam. Ich sprach auf seinen Anrufbeantworter, aber er reagierte nicht darauf. Vielleicht war er im Urlaub, ich wusste es nicht. Weiterhin wartete ich aber auf den Rückruf meines mir gerade neu durch das Amtsgericht erteilten Betreuer. Das ganze lief dann auf folgendes hinaus: Ich konnte für Weihnachten, es war gerade Weihnachtszeit, keine Nahrungsmittel einkaufen, sodass ich an Weihnachten nichts zu essen hatte und hungern musste. (Das erinnert eventuell an das was wir zur Zeit in Griechenland erleben. Leute stehen am Geldautomaten und so gut wie kein Geld mehr.) Und das alles nur, weil eine Geldabhebung verkompliziert wurde und dies dem Betreuer völlig gleichgültig war. Im neuen Jahr bekam ich dann überraschend und ohne Vorwarnung Besuch von meinem Betreuer. Dabei hatte er zwei uniformierte Polizisten und eine seiner weiblichen, jungen Angestellten. Zunächst machte ich meine Wohnungstüre nicht auf, da ich gerade beschäftigt war, ich aß zu Mittag. Dann kamen die unerwünschten Besucher aber über meinen Garten zur Terrassentür. Na gut, da musste ich natürlich öffnen, sie sahen mich ja durch Terrassentür und Fenster. Ich war beim Öffnen der Tür so überrascht, dass ich Messer und Gabel noch in der Hand hielt, da ich eben gerade mit Essen beschäftigt war. Einer der Polizeibeamten nahm mir das Besteck aus der

Hand. Zu Ende essen durfte ich nicht. Unfreundlich behandelnd wurde ich dann von diesen Leuten zum Krankenhaus gefahren, wo ich beim Chefarzt der Psychiatrischen, geschlossenen Abteilung vorsprechen sollte.

Kapitel 1   Jugend   und   Eintreten   einer   psychischen
Krankheit im Alter von 18 Jahren

Da mich einige Freunde und ein Verwandter, ich nenne sie meine
Lektoren, darauf ansprachen, ich solle doch auch darüber
schreiben, wie es zu meiner jetzigen Situation, und auch dazu,
dass ich mit 18 Jahren unter einer psychischen Krankheit litt,
kam. Ich wuchs als junger Mensch auf, wie jeder andere auch.
Freizeitaktivitäten hatte ich wie die anderen auch. Eine
Pfadfindergruppe, schwimmen bei der DLRG – Deutsche
Lebensrettungsgesellschaft und bei einem Sportverein, bei dem es
mehrere Abteilungen gab: Tennis und Karate. So hatte ich ein
ausgeglichenes Leben und ich war zu jeder Zeit voll ausgelastet.

Ich nahm mein Schicksal schon als kleiner Junge selbst in die
Hand und zwar als ich meine Mitgliedschaft bei den Pfadfindern
kündigte. Ich war für lange Zeit bei den Pfadfindern, gab sogar
ein Pfadfinderversprechen ab, das beinhaltete, immer ein guter
Pfadfinder zu sein. Dafür erhielt ich den untersten Rang, den es
bei den Pfadfindern gab: Wölfling. Dazu gab es eine Krawatte in
einer bestimmen Farbe und ein Pfadfinderhemd. Zurückkommend
zu meiner Kündigung. Es befanden sich zu viele Flegel in der
Pfadfindergruppe und es kamen auch immer mehr hinzu. Ich war
ziemlich unglücklich dadurch. Die „Häuptlinge" der Pfadfinder
griffen bei den Gruppenstunden eben auch einfach nicht durch.
Mir machte es so keinen Spaß mehr. Er ergab sich nur noch eine
Möglichkeit für mich und diese war, ich verkündete aus eigener
Initiative in einer Pfadfinder-Gruppenstunde: So mache ich hier
nicht weiter. Ich kündige meine Mitgliedschaft.

Ansonsten halte ich Pfadfinder für eine sinnvolle Erfindung, die
gerade für junge Menschen wichtig ist. Struktur und
Zusammengehörigkeitsgefühl wird einem bei den Pfadfindern

vermittelt. In den von den Pfadfindern veranstalteten Zeltlagern muss man sich durchbeißen, es kommt aber auch viel Freude auf.

Die These von einem Karateschwarzgurt-Träger aus meinem Karateverein: Pfadfinder sind nur die Nachahmung der früheren Hitlerjugend. – finde ich unpassend. Bei den Pfadfindern erreichte ich übrigens den Titel „Wölfling", niedrigster Rang, beim Karate gelangte ich in der Hierarchie immerhin bis zum dritten Gürtel, dem Orange-Gurt. Die Pfadfinder-Stunden fehlten mir nicht. Ich hatte ja auch noch das Schwimmen. Beim Schwimmen wurde bei einer Meisterschaft eine Goldmedaille an mich verliehen. Am besten war ich aber beim Tennis. Tennis spielte ich mit meinem Vater und mit der ganzen Jugend des TVM – Tennis- und Turnverein Memmingen. Durch gelegentliche Forderungsspiele gelangte ich in der Setzliste dieser Tennisabteilung immer ein Stückchen nach oben. So lernte ich die Tennisjugend kennen, natürlich kannte man sich aber auch durch die Mannschaftsspiele. Hier spielte ich für die zweite Juniorenmannschaft und für die dritte Herrenmannschaft. Die Tennisspieler, die ich nun also alle kannte, wollten aber eher nur zu den Forderungs- und Verbandsrundenspielen antreten. Später gar nicht mehr und die komplette TVM-Tennisjugend brach zusammen.

Diese sozialen und sportlichen Beschäftigungen machten aus mir einen glücklichen jungen Menschen. Als ich dann 17, 18 Jahre alt war, tauschte ich meine sportlichen Tätigkeiten mit dann nur noch einer sportlichen Tätigkeit aus und zwar mit Fitness-Training oder wie man auch dazu sagt, Body-Building. Beim Body-Building, bei dem ich mich immer zuerst mit zehn Minuten Fahrradfahren aufwärmte, trainierte ich alle Muskeln meines Körpers. Nach ein paar Monaten hatte ich einen ziemlich großen Trizeps, der ja bekanntlicherweise den Arm formt. Ich war schlank und hatte kein Gramm zu viel. Auf Fotos sah ich gut aus, da mein ganzer Körper muskulös aussah. Ich muss zugeben, auch ich, so wie die anderen, die im Fitness-Studio waren auch, nahm Eiweiß-Stoffe zu mir. Das nannte sich Crash-Weight. Ein gut schmeckende Eiweiß-Pulver, das man in die Milch mischte. Crash-Weight gab es in verschiedenen Geschmacksrichtungen, wie z. B. Banane oder Vanille. Soweit nun zum Fitness-Training. Geschlechtsverkehr hatte ich als 17-jähriger dann endlich. Ich konnte es gar nicht erwarten. Durch Sport, wie gelegentlich noch Tennis und Fitness-Training war ich im Bett gut und meine erste Freundin schrie ab und zu beim Sex. Das machte mich glücklich und zufrieden. Ich musste jeden Tag mit meiner Freundin zusammen sein, ich liebte sie so sehr. Vielleicht kam das laute Stöhnen, bei dem sie sich ab und an selbst den Mund zuhielt, auch daher, dass sie eine sehr gute Sängerin war, ich weiß es nicht. Leider ging es dann nach einem Jahr auseinander. So war ich lange Zeit sehr traurig.

Meine zweite Freundin hatte ich erst ein paar Jahre später, als ich bei einer Bank beschäftigt war. Ich nahm mir vom Arbeiten eine Woche frei und fuhr mit dem Kreisjugendring Neu-Ulm mit meinem Kumpel nach London. London war interessant. Als ich von einem schönen Urlaub zurückkam, hatte ich noch ein wenig Kontakt zu einem sehr netten Mädchen, das bei der London-Fahrt dabei war. Eines Tages schauten wir zusammen Urlaubsbilder an, und ich gab alles, also ich gab mich lieb und gescheit. Es hat sofort gefunkt. Daraufhin telefonierten wir dann fast täglich.
Auch diese Beziehung ging nach circa einem Jahr zu Bruch. Ich konnte und wollte es damals nicht begreifen. Aber es war besser so, denn sie wollte einen für sie noch besser passenden Freund, den sie, ich habe mich selbst danach erkundigt, nicht gefunden hatte. Meine erste Freundin erwähnte einmal bei einem Streitgespräch: Du bist zu erwachsen. Dies war wahrscheinlich

auch bei meiner zweiten Freundin der Fall.

Meine dritte und vorerst letzte Freundin lernte ich bei einer Geburtstagsparty eines Kumpels kennen. Richtig zusammen war ich mit ihr aber erst, als ich mit ihr in einer Diskothek in Neu-Ulm durch eine gute Bekannte verkuppelt worden bin. Die Beziehung mit ihr war wie im Märchenbuch. Sie hatte Pferde, eine liebe Mutter und einen netten Vater. Wir liebten uns am Anfang nicht so, aber das kam dann. Meine Freundin, ihre Eltern und ich spielten einmal in der Woche Karten. Das liebte ich. Ihr Vater, Diplom-Ingenieur i. R., hielt ab und zu Reden in der gigantisch großen Firma, in der er arbeitete. In seiner Freizeit schrieb er bei irgendeinem Verein über die Nachkriegszeit Deutschlands in den 40er Jahren. Die Mutter meiner Freundin hatte beim Kartenspielen ab und an einen Witz auf Lager. Sie sagte über mich: Denkt schnell – zieht langsam. Die nette Frau war sehr gebildet. Sie hatte ein 1,0 Abi, einen Doktortitel und sie war Allgemeinärztin.

Nun aber zurück zu der Zeit, als die Beziehung mit meiner ersten Freundin wegen dauernder Streitigkeiten beendet war. In der nun folgenden Zeit ging es mir nicht mehr so gut und ich hörte jeden Tag CD´s meiner Lieblings-Rockband Guns N´ Roses. Ich besaß sehr viele CD´s von G N´ R, es gab auch mindestens zwanzig Live-CD´s von ihnen, die ich alle hatte. Eines Tages schaute ich mir bei einer LP (G N´ R – Lies, die ich auch hatte) einen kleinen Hinweis auf der Schallplattenhülle genauer an. In einem Eck der Hülle stand: Can Axl (der Sänger der Band) help you. Angegeben war auch seine Postanschrift. Okay, dachte ich mir, mir geht es hundeelend, ich schreibe Axl Rose. Da es mir aber psychisch dermaßen schlecht ging, verschlampte ich den Brief an Axl Rose und so kam er auch nie an. Das Ganze war die „Zündung" für spätere, mein Leben prägende, Aktionen, was das Briefe schreiben an höhere Persönlichkeiten angeht. Mein Cousin, ein erfolgreicher Versicherungskaufmann sagt, ich mache das gut. Er hat Recht, denn ohne ein Schreiben an den Bürgermeister meiner Heimatstadt vor einem Jahr hätte ich nie die Wohnung, in der ich jetzt wohne, bekommen. Sechs Jahre musste ich beim Memminger Wohnungsbau auf eine Wohnung warten bis ich eine Wohnung bekam. Auch das Schreiben an Frau Dr. Angela Merkel, die Bundeskanzlerin, war in Ordnung. Mein Vater sagte, dass es gar nicht schlecht geschrieben sei. Für die eigentliche Sache brachte es mir zwar nichts, nämlich meinen Fahrservice Schubert irgendwie noch „über Wasser zu halten", aber für die Wiederinkraftsetzung meiner Lebensversicherung, die ich für den Fahrservice noch aufgelöst hatte. Ich brachte damals das Schreiben von Frau Dr. Angela Merkel, also ihre Antwort sowie das Anschreiben von mir und ein Schreiben vom Memminger Landgericht zu meiner Rechtsanwältin und rief dadurch meine Lebensversicherung mit Zusatz – Berufsunfähigkeitsrente wieder von einer großen, bekannten bayerischen Versicherungs-gesellschaft zum Leben zurück.

Der Beruf Industriekaufmann und Wechsel in einen anderen Beruf:

Bei meiner Tätigkeit als Industriekaufmann bzw. in der Lehrzeit waren Konkurrenzkämpfe unter den Arbeitnehmern üblich. Ich stand immer wieder auf, wenn Kollegen mich angegriffen haben. Als ich aber nach meiner Ausbildung von meinem Arbeitgeber vorerst für ein Jahr übernommen worden bin, in eine Abteilung, in der schlimmste Zustände herrschten, habe ich mir eine Krankheit eingefangen. Eine psychische Krankheit. Ich drehte gewissermaßen durch. Natürlich habe ich niemandem im Betrieb etwas angetan. Ich kam mit den Gegebenheiten dort nicht mehr zurecht. Mein Arbeitsraum befand sich in der Produktions- und Lagerhalle. Ich hatte vom Fenster aus keinen Blick nach draußen. Kein Sonnenlicht, nur Neonröhren als Beleuchtung des Arbeitszimmers. Kollegen nahmen mich auf den Arm oder redeten nicht mit mir. Natürlich gab es auch nette Kollegen, die Anstand besaßen und freundlich waren, in meinem Betrieb, es war ja ein Großbetrieb. Die waren aber in Abteilungen beschäftigt, mit denen ich höchstens alle drei Heilige Zeiten einmal zu tun hatte. Mein Tätigkeitsbereich umfasste lediglich eine Dateneingabe in einen PC. Zu zwei Drittel der Arbeitszeit hatte ich nichts zu tun und hockte langweilig herum. Ich saß in einem kleinen Zimmer in dem nur Regale für Ordner an der Wand angebracht waren. Keine Grünpflanze, nur ein öder Raum. Im Feng Shui sagt man ja: Energie muss fließen. Energie verlor ich. Und zwar auch als ich meine Kollegen sah. Wie sie mir mit ihrer Gleichgültigkeit entgegentraten, war unerträglich. Zu telefonieren gab es nichts. Bei dieser Tätigkeit konnte auch nichts beredet oder abgesprochen werden. Diese Arbeit, die mich meine Vorgesetzten machen lassen durften, war an Eintönigkeit nicht zu überbieten. Das Ganze dann acht Stunden am Tag als gelernter Industriekaufmann. Einen Radio durfte man in diesem Büro nicht haben, so dass man ein bisschen Musik hätte hören können, oder Nachrichten. Man brauchte an menschliche Arbeitsbedingungen nicht zu denken. Nach einigen Monaten spielten meine Wahrnehmungen verrückt. Auch konnte ich keinen klaren Gedanken mehr fassen. Ich befand mich in einem Zustand, den ich keinem Menschen wünschen möchte. Mein Vater brachte ich dann sicherheitshalber ins Krankenhaus. Ich sagte dem diensthabenden Arzt dort, dass ich von Kollegen boykottiert werde. In gewisser Weise hatte ich Recht. Ich wurde ausgegrenzt und mir wurde ein Arbeitsplatz zugewiesen, an dem es kein normaler Mensch aushalten konnte. Ich sagte dem zuständigen Arzt aber auch, dass ich vom Sänger einer Rockgruppe, die ich ab und an gerne hörte und als es mir am Arbeitsplatz nicht mehr gut ging, immer mehr hörte, „gesteuert" werde. Ich konnte mich nicht richtig ausdrücken und sagte, ich würde so Leben, wie es Axl Rose, Frontman von Guns N´ Roses, in seinen Reden während der Konzerte sagt. Mein Arzt sagte dann während meines Krankenhausaufenthaltes zu mir: Das gibt es nicht, sie werden von Axl Rose nicht gesteuert. Unter dieser Einbildung, unter der ich zu der Zeit lebte, also dass mich Axl Rose in meinem Leben, sei es positiv oder negativ, beeinflussen würde, und auf die Art, wie ich es zu dem Arzt sagte, musste ich für lange Zeit im Krankenhaus bleiben. Das Krankenhaus war eine Enttäuschung. Beruhigungsmusik wie z. B. Klassik Radio oder eine Unterhaltung mit einem Gesprächspsychologen wäre angebracht gewesen. Übungen aller Art hätten durchgeführt werden müssen. Übungen die zur geistigen und körperlichen Fitness beigetragen hätten. Diese Übungen sind auch als Gegenmaßnahmen für eine Verschlechterung zu sehen, und damit werden Physis und ein natürlicher Gedankengang verbessert. Auch fehlte es, zu besprechen, was für den einzelnen Patienten interessant ist und es hätten gemeinsam Perspektiven für eine Zukunft erarbeitet werden müssen. Ebenfalls sind Witze eine gute Medizin. In einem gesunden Umfeld – Ärzte und Pfleger, die sich normal verhalten – macht es für den Patienten auch einen Sinn, wieder gesund zu werden.

Es ist klar, dass wir nun nicht alle beispielsweise jeden Nachmittag um 14.00 Uhr zum Bogenschießen schicken werden. Aber das ein oder andere kann dem Patienten eine Hilfe sein und er kann damit an sich arbeiten. Ein Arzt sollte erkennen, was der bestimmte Patient braucht. Im Gespräch kann ein Arzt so etwas herausbekommen.

Auch wichtig ist es, an einem guten Umfeld für den Betroffenen zu arbeiten, der Betroffene hat eventuell eine schlechte Wohnung. Dann können dem Patienten Wohnungsangebote gezeigt werden, die der Arzt oder der Pfleger vor einem Gespräch heraussucht. Eine Veränderung im Bereich Wohnen kann gesund machen. Aber zurück zu mir. Ich finde einfach, diese Krankheit hätte ich nicht gebraucht. Glücklicherweise konnte ich, als ich wieder gesund war, in einer Bank als Bankangestellter anfangen…

Zunächst erzielte ich aber bei einen Einstellungstest bei der Polizei die Note 1,9. Als junger Mensch weiß man nicht gleich, welchen Beruf man ergreifen soll. Ich sprach mit meinen Eltern und mit meinen Freunden darüber, welche Berufe denn so gut seien. Ich war mir noch nicht sicher, ob ich bei der Polizei anfangen sollte.

Der Einstellungstest bei der Polizei bestand aus einem Grundfähigkeitstest, Sprachtest und außerdem wurde die sportliche Leistungsfähigkeit geprüft.

Mir wurde das Prüfungsergebnis mit der Note 1,9 zugeschickt. Einige Zeit später bekam ich aber die Nachricht, dass aktuell genug Auszubildende schon eingestellt wurden. Meine Bewerbung konnte trotz des guten Einstellungstests nicht berücksichtigt werden. Ich würde zu einem späteren Zeitpunkt nochmal die Möglichkeit haben, nach einem weiteren Eignungstest für eine Ausbildung als Polizeibeamter in Frage zu kommen und eingestellt zu werden.

Kapitel 2   Ich als gelernter Bankkaufmann, der sich einem sonderbaren Betreuungssystem unterwerfen musste

Warum gerade ich? Das fragte ich mich bei der grandios überzogenen Aktion. Warum kommen hierbei nicht Leute in Frage, die mir mein ganzes Leben geschadet haben? Warum werden nicht Leute ins Gericht gebeten, bei denen klar ist, dass sie anderen Leuten schaden? Warum sieht das Gericht nicht der Wahrheit ins Auge und nimmt sich Leute vor, die erst einmal richtig erzogen werden müssen? Wenn man eine gesunde Einstellung hat, braucht man keine Betreuung. Die Leute, die nur aus Profitgier oder aus Eigennutz normale Menschen, die eventuell nur ein bisschen verstimmt sind, zu Patienten machen, gehören selbst in eine Behandlung geschickt und in bestimmten Fällen sogar betreut. Diejenigen, die dann zu Patienten gemacht wurden, von Ärzten, Kollegen und Angehörigen, werden dann falsch behandelt, zu lange behandelt, obwohl es gar nicht mehr nötig ist und kommen dann zu einer chronischen Krankheit, bei der es sehr schwer ist, wieder herauszukommen. Man muss hart gegen diese Verursacher vorgehen, die ich gerne die „Gesetzlosen" nenne. Die Leute, die es in dieser Geschichte nicht gut mit ihrem Nächsten meinen, kommen in Arztpraxen, Krankenhäusern, in Familien oder am Arbeitsplatz vor.
Statt in einem einfachen Gespräch, dem in einer Klemme sich befindenden Mitmenschen eine kleine Hilfe zu geben, so dass er weitermachen kann, wird dieser reduziert auf einen unfähigen

Schwachmaten. Ärzte und Vorgesetzte wissen, worauf es im Leben ankommt, sonst wären sie ja nicht so weit gekommen, geben dies aber nicht an ihre Patienten bzw. ihren untergeordneten Angestellten weiter. Gerade in Bayern ist das Problem der Rücksichtslosigkeit sehr verbreitet. In Kneipen in Köln sind Leute anzutreffen, die sagen: Komm, setz Dich zu uns. Wo kommst Du her? Was machst Du so? In Memmingen, einer kreisfreien Stadt im Unterallgäu, gibt es sowas nicht. Rücksichtslosigkeit, Desinteresse oder Egoismus ist in den Memminger Gerichten vorzufinden, dass man am liebsten umziehen möchte. Hier gehört einmal folgendes unternommen. Von oberster Stelle in Berlin muss ein Machtwort bei den Ministern in Bayern gesprochen werden. Es muss heißen: „Sie machen das jetzt." Viel zu lange wurde nichts getan und viel zu viele wurden benachteiligt. Man wird vom Gericht nicht informiert. Rundschreiben oder Infobriefe an Beschwerdeführende gibt es nicht. Warum muss bei jedem „bunten Nachmittag im Gericht" ein Rechtsanwalt mitverdienen? Jeder, der einen Prozess zu führen hat, möchte doch wissen, welche Möglichkeiten er in seinem entsprechenden Fall hat. Ich meine einen Zivilprozess ohne Rechtsanwalt. Auch können Ärzte im Arztgespräch zu ihrem Patienten sagen, was ihnen zum Thema Gerichtsprozess bei einer zu Unrecht erteilten Betreuung einfällt und eigentlich auch, was schon im Vorfeld getan werden muss. Das muss aber schon früh besprochen werden.

Nun stand ich nach beendeter Selbstständigkeit und nach einer zu Bruch gegangenen Beziehung ganz schön einsam und arbeitslos da. Die damalige Freundin wollte einen Freund mit Arbeit und Arbeit hatte ich am Ende meines Geschäfts nicht mehr.

Der Kontakt zu den Eltern und zur Verwandtschaft war abgebrochen, auch deswegen, weil meine Freundin mit meiner Verwandtschaft nichts zu tun haben wollte. Ich ließ mich hierbei von meiner Freundin mitreißen, ich meldete mich nicht einmal mehr bei meinen Eltern. Meinen Vater ließ ich ausnahmsweise etwa im Oktober 07 zu Besuch in meine Wohnung. Wir wechselten ein paar Worte. Er bemerkte beim Besuch, dass es mir nicht mehr so gut ging wie sonst. Da er ja nicht mehr an mich heran kam, drohte er mir an, dass wenn ich nicht mehr zum Essen zu ihm nach Hause kommen würde, er anders vorgehen würde. Ich verstand das damals nicht und ich verabschiedete mich von ihm. Meine Schwester stand einige Tage später vor meiner Tür aber ich öffnete nicht. Ich hatte auch immer eine Begründung für solche Dinge. Sie war, den Freund meiner Schwester mochte ich nicht. Mit meiner Schwester kam ich vor der Geschichte immer sehr gut aus. Ich glaube sie hat es mir heute verziehen. Was mein Vater feststellte stimmte, mir ging es nicht mehr so gut. Auch deswegen, weil ich seit August 06 ein Medikament weggelassen habe, das ich aber gegen meine chronische, psychische Erkrankung dringend brauchte. Es hätte damals eigentlich kein Problem gegeben, das Medikament weiter zu nehmen, aber meine Freundin, die ich zu der Zeit hatte, und ihre Mutter (Allgemeinärztin) rieten mir, das Medikament nicht mehr zu nehmen, da ich es nicht bräuchte.

Ich hatte nun viel Zeit für private Angelegenheiten, ich war ja arbeitslos. Ein Fahrzeug besaß ich zu der Zeit noch. Ich beschloss spontan nach Österreich umzuziehen, da mich in meiner Heimatstadt sowieso nichts mehr hielt. Ich lud also in mein Auto all die Sachen ein, die ich noch so brauchen konnte, und fuhr einfach drauf los. Das Ziel war Wien, da ich schon einmal dort war und mir die Stadt ganz gut gefiel. Ich hatte Spaß am Fahren und drehte die Musik voll auf. Als ich etwa nach 7 Stunden in der Hauptstadt ankam, kam plötzlich die Ernüchterung, wo ich eigentlich hin sollte, sprich, wer an mich jetzt zur späten Abendstunde noch eine Wohnung vermieten kann. Ganz schnell musste ich einsehen, dass eine Wohnung rasch und als Arbeitsloser nicht zu bekommen war. Eine Einsicht, die viel zu spät kam. Normalerweise hätte ich nicht 7 Stunden Fahrtzeit auf mich genommen, um erst dann einmal richtig nachzudenken, ob das überhaupt Sinn macht. Was überraschend war, dass ich beim Autofahren über eine große Ausdauer verfügte, so fuhr ich problemlos und ohne Pause nach Hause zurück.

Ohne etwas Produktives zu tun verbrachte ich mindestens zehn Stunden am Tag vor dem Nachrichtensender CNN, der damals noch ohne Decoder-Gerät ausgestrahlt wurde. Ich ging kaum noch raus, höchstens wenn ich mir was zu essen kaufen musste und das war meistens nicht sehr oft. In der Zeit in der ich mich so in meiner Wohnung abgeschottet hatte, habe ich einige Kilo abgenommen. Total vereinsamt und ohne Zukunftsaussichten hockte ich herum. Mir kam das alles aber damals nicht so extrem vor, wie es wirklich war.

Ein von meinem Vater beauftragter Psychiater läutete eines Tages bei mir. Ich sah ihn durchs Fenster und ließ ihn nicht herein. Ich hatte die Vorahnung, dass er mich zu Gesprächsterminen überreden würde und dass ich wieder ein Medikament nehmen sollte. Das wollte ich absolut nicht. Auch ein von der Stadt beauftragter Sozialarbeiter wurde zu mir geschickt, um mich über meinen aktuellen Zustand zu befragen. Diesmal öffnete ich versehentlich die Wohnungstür. Ich schickte ihn aber, ohne ihn zu Wort kommen zu lassen gleich wieder weg. Wieder hatte ich Angst, zum Arzt gehen zu müssen und Medizin nehmen zu müssen. Was ich nicht wusste, es lief bereits ein Betreuungsverfahren gegen mich, von meinem Vater aus Sorge um mich in Auftrag gegeben. Was folgte waren jetzt auch gleich drei Termine etwa im November 07 im Klinikum Memmingen bei einer Psychiaterin und Gutachterin zur Erstellung eines Gutachtens fürs Amtsgericht, das dem Richter bei der Betreuungserteilung behilflich sein sollte. Diese Termine und zu wissen, dass ich vielleicht einen Betreuer zur Erledigung meiner Angelegenheiten bekommen würde, wirkten sich sehr belastend auf mich aus. Ich fühlte mich, mehr als andere in meiner Situation wahrscheinlich, zu Unrecht bestraft. Außerdem wollte ich ja meine Ruhe um wieder Kraft für etwas Neues zu haben und dann so etwas. In dem Zustand, in dem ich zu der Zeit war, hätte ich aber niemals eine Arbeit finden können und zur Arbeit gehen können. Auch Freunde hätte ich so nicht finden können. Ich lud zwar einen Freund, den ich früher hatte, aus freien Stücken einmal zu mir ein. Der behauptete aber dann gleich, du kannst keinen klaren Gedanken mehr fassen. Er nahm es mir aber nicht übel, was vielleicht zu erwarten gewesen wäre. Nur blieb es halt bei diesem einen Treffen.

Da ich das Verfahren gegen mich nicht wahrhaben wollte, rief ich persönlich beim Amtsgericht Memmingen an und vereinbarte einen Gesprächstermin beim zuständigen Richter. Diesen bekam ich und ich sprach bei dem Richter vor. Nach einigen Worten kam der Richter schon zu der Erkenntnis, dass ich ja einen freien Willen bilden könnte, also eigentlich kein Betreuer nötig wäre. Was ich aber hier noch erwähnen möchte ist, dass ich damals gute und schlechte Tage hatte und eine Behandlung schon wichtig für mich gewesen war. An diesem Tag hatte ich einen guten Tag. Der Richter gab mir die Privattelefonnummer der Gutachterin und Ärztin, was glaube ich, nicht üblich war. Ich könnte dann noch mal mit ihr darüber reden, warum aus ihrer Sicht eine Betreuung so wichtig war. Am gleichen Abend rief ich bei der Gutachterin an und ihr Mann ging ans Telefon, der Chefarzt vom Klinikum Memmingen. Ich sagte zu ihm: Was macht ihre Frau denn für einen Mist. Sie wäre lieber mal bei mir Taxi gefahren. Zur Antwort bekam ich: Wir lassen uns da jetzt nicht behelligen. Von mir war das natürlich total überzogen und es kam kein vernünftiges Gespräch zustande.

Gegen das Betreuungsverfahren wehrte ich mich weiterhin, indem ich im Dezember 07 schriftlich Widerspruch beim Landgericht einlegte. Hierbei ist eine bestehende leichte psychische Erkrankung schon zu erkennen.

Betr. Einspruch gg. Amtsgerichtsbeschluss Nr. ...

Sehr geehrte Herren,

hiermit lege ich Einspruch gegen den Bescheid vom Amtsgericht ein.

Ich wusste nicht dass ein bestellter Betreuer sofort nach Richterspruch wirken darf, ohne Abwarten des Einspruchs. Ich wusste nicht dass es beim Landgericht keinen Familienrichter gibt, deswegen wurde mein Einspruch fehlgeleitet.

Seit 01. August 07 versuchte ich meinen Fahrservice nach Wiedereröffnung weiterzuführen. Leider sprach sich herum (Sparkasse, Kunden ...) dass ich einen Betreuer habe. Dies hat mir seit Neueröffnung sehr geschadet, ich bekam weniger Aufträge von Krankenkassen, am Wochenende fuhren nur noch wenige mit dem Fahrservice Schubert.

Am 06. Dezember 07 beendete ich den Fahrservice. Beim Arbeitsamt bin ich arbeitslos und arbeitssuchend gemeldet, das Arbeitslosengeld ging bereits auf meinem Konto ein.

Der Umzug in eine günstige Wohnung ist schon organisiert, die letzte Miete wurde von mir bezahlt und es bestehen keine Unstimmigkeiten mit meinem Vermieter, Herrn Steuerberater ...

Weswegen benötige ich einem Betreuer? Damit er mir sagt, was ich morgen essen soll, oder damit eine weitere Person beschäftigt ist, unnötig.

Zum Schreiben von Fr. ..., Frau der Oberarztes ..., der mich vor 11 Jahren behandelte. Das Schreiben ist maßlos übertrieben. Übrigens fand das Gutachtengespräch an 2 Tagen in der geschlossenen Anstalt im Klinikum MM statt. Für ein Gegengutachten habe ich leider kein Geld (Kosten ca. 2.000 €).

Mit meinem Rechtsanwalt Herrn ... bin ich auch schon zu dem Entschluss gekommen, dass der Richter ... eben so entschieden hat, dass ihm nichts passieren kann.

Abschließend noch eines, das ist der Dank für 2 Jahre Unternehmertätigkeit, es wurden 3 Teilzeitkräfte beschäftigt, (jeder machte extra den Taxischein), Bemühens, günstige Preise für Krankenkassen und unzählige Fahrgäste an den Wochenenden.

Da die Weiterführung meines Fahrservices sowieso keinen Sinn mehr macht, habe ich mich beim Arbeitsamt gleich arbeitslos und arbeitssuchend gemeldet.

Da ich keinerlei Unterstützung vom Klinikum, den Krankenkassen, dem Allgäu Airport usw. bekam und mein Kreditrahmen bei der Sparkasse bereits am Limit ist, war dies die einzige Lösung.

Sollten Sie der Meinung sein, mir einen Betreuer anzuhängen, und ich deswegen den Anspruch auf die Taxikonzession verlieren, werde ich unverzüglich in eine andere Stadt umziehen. Seien Sie sich aber sicher, dass eine solche gerichtliche Aktion gegen mich nicht unvergessen bleiben wird. Ich verbleibe

mit freundlichen Grüßen
Bernd Schubert

Anlage
Schreiben vom Bundeskanzleramt mit Antwort

Sie können mich gerne zu einem Gespräch einladen. Ich bin weder vorbestraft, gewalttätig, aggressiv, brauche keine Medikamente für so etwas.
Gerne würde ich die Sache klären, es geht mir hier um Gerechtigkeit.

Zwei Monate nach diesem Widerspruch erhielt ich von drei Richtern des Landgerichts Memmingen dann den Beschluss, der die Begründungen der Richter beinhaltete. Außerdem wurde in dem Beschluss aufgeführt, dass die Richter zu dem Entschluss kamen, dass mein Widerspruch ohne Anhörung zurückgewiesen wird.

Im November 07, zur Zeit als die Gutachten erstellt wurden, beauftragte ich einen Rechtsanwalt, der mir von meinem Steuerberater empfohlen wurde, mit der Weiterbearbeitung des Betreuungsverfahrens. Beim ersten Gespräch mit ihm konnte auch er, wie der Richter beim Amtsgericht, nicht feststellen, warum ich einen Betreuer bräuchte. Unglücklicherweise machte ich auch bei ihm einen so guten Eindruck, so dass es den Streitfall nur unnötig in die Länge zog. Der Rechtsanwalt schrieb dem zuständigen Amtsgericht, sein Mandant werde von nun an von ihm vertreten und des Weiteren sei sein Mandant völlig gesund. Es kam zum Gerichtstermin, bei dem mein Rechtsanwalt und ich vorsprachen. Das heißt, nur noch ich verteidigte mich gegen die Anschuldigungen der Gutachten, die Gutachten bekam ich vorher per Post zugeschickt. Mein Rechtsanwalt hingegen machte dem Richter klar, dass er sein Urteil, das eine Jahr Betreuung, das der Richter erteilen wollte, für in Ordnung hielt. Beim nach Hause gehen fragte ich meinen Rechtsanwalt noch, warum er nichts unternommen hatte, wobei er mir nur entgegnete, bei DEM Gutachten. Ich wusste nicht mehr weiter und fühlte mich zu Unrecht behandelt.

Im Dezember 07 beauftragte ich einen anderen, meiner Ansicht nach besseren Rechtsanwalt mit der Weiterbearbeitung des Falls. Ich vereinbarte einen Gesprächstermin mit ihm und da er ein alter Klassenkamerad von mir war, half er mir gleich weiter. Ich unterhielt mich in seinem Büro mit ihm über die Angelegenheit und auch er, wie der erste Anwalt, war der Meinung, eine Betreuung wäre nicht nötig. Das sprach er auch in seinem Schreiben ans Amtsgericht an, und zwar, dass ich sehr wohl in der Lage wäre, für mich selbst zu sorgen, da ich mich selbst um eine günstigere Wohnung kümmerte und, dass ich beim Arbeitsamt Hartz4 schon beantragt und bewilligt bekommen hatte. Das half aber am Ende alles nichts, da ich bei der Gutachterin und beim Richter nicht glaubhaft als gesund galt. Die Betreuung für mich wurde für ein Jahr errichtet.

Mein Vater war mir beim Umzug von der damals teuren Wohnung zur Dachgeschosswohnung bei ihm behilflich. Ich war ihm sehr dankbar, dass er mich nochmal zu sich aufnahm. Im Jahr 2008 unternahm ich wieder mehr mit meinen Freunden und ich war auch bei meiner Familie wieder angesehen. Mit einem Kumpel reiste ich an Ostern an den Gardasee. Dort waren wir früher schon jedes Jahr einmal. Ab und an unternahm ich mit meinem Freund auch wieder kleine Fahrradtouren. Alles schien wieder in Ordnung zu sein. Bis auf das eine, ich war das ganze Jahr arbeitslos. Vom Arbeitsamt bekam ich Ende des Jahres eine Arbeitsbeschaffungsmaßnahme auferlegt, aber außer dem hatte ich arbeitsmäßig nicht viel zu tun. Wie im alten Jahr schrieb ich auch 2009 noch Bewerbungen an Banken und Industriebetriebe, aber ohne Erfolg. Mein Betreuer meinte dann eines Tages, dass es besser für mich wäre, in Rente zu gehen. Dann hätte ich keinen Druck mehr vom Arbeitsamt und außerdem würde ich beim heutigen Arbeitsmarkt sowieso keine Arbeit mehr bekommen. Ich hatte dann einen Termin bei einem Amtsarzt, von der Rentenversicherung beauftragt. Der versicherte mir sofort, das mit der Rente wäre kein Problem. Also war ich von nun an in der gesetzlichen Rente.

Glücklicherweise ergatterte ich einige Zeit zuvor eine geringfügige Beschäftigung als Taxifahrer bei einem Unternehmer, der Verständnis für meine Erkrankung hatte. Von nun an durfte ich für 400,- Euro Taxi fahren. Dazu noch die gesetzliche Rente, das genügte mir zum Leben. Die Betreuung für mich wurde um ein Jahr verlängert, weil noch nicht ganz klar war, ob ich schon richtig gesund war.

Wiederinkraftsetzung der Lebensversicherung

Nur gut, dass es zu dieser Verlängerung gekommen war, weil ich den Betreuer nun für eine Sache ganz dringend brauchte. Während meiner Selbstständigkeit löste ich meine Lebensversicherung wegen finanzieller Schwierigkeiten auf. Mir kam in den Sinn, dass ich das ja unter Krankheitseinfluss getan hatte. Also rief ich den Betreuer an. Ich erzählte ihm von der Auflösung und teilte ihm mit, dass ich damals ja krank war. Mein Betreuer sagte gleich, na gut, dann muss der Psychiater nur der Versicherungsgesellschaft die Krankheit bestätigen, dann wird ihre Lebensversicherung wieder in Kraft gesetzt. Darüber freute ich mich riesig. Es bestand also Hoffnung. Leider bekam ich schon bald von der Rechtsanwältin, die der Betreuer beauftragt hatte, die Nachricht, dass ein Vorgehen gegen die Versicherung nicht erfolgreich sein wird. Daraufhin war ich erschüttert. Ich bekam von der Versicherung zusätzlich eine Berufsunfähigkeitsrente in Höhe von 450,- Euro monatlich, die nun für immer verloren war.

Ich recherchierte im Internet, indem ich in einem speziellen Forum fragte, ob es möglich ist, eine aufgelöste Lebensversicherung wieder in Kraft zu setzen, auch wenn man nicht so richtig beweisen kann, dass man zur Zeit der Auflösung krank war. Ich ging zu der Zeit zu keinem Psychiater, also konnte niemand meine Krankheit bestätigen. Die Antworten in diesem Forum waren teilweise hilfreich. Ein Unbekannter Schreiber meinte, ich müsse irgendwie beweisen, dass zu der damaligen Zeit eine Krankheit vorlag. Ich mailte ihm, ob es nicht reiche, wenn der Psychiater Entsprechendes der Versicherung mitteilen würde, ohne mich in der Zeit behandelt zu haben. Ich bekam zur Antwort, ich könnte es probieren, die Hoffnung stirbt ja bekanntlich zuletzt. So dachte ich weiter. Eine Bestätigung meines Psychiaters, der mich zu der Zeit der Auflösung nicht behandelte, würde nicht viel bringen. Was aber vorhanden war, war die Antwort meines Widerspruchs beim Landgericht wegen der Betreuungserteilung. In dieser Antwort bestätigten mir drei Richter vom Landgericht, dass einige Handlungen damals von mir als krank anzusehen waren. Auch, dass ich die Bundeskanzlerin mit dem Zurückgehen der Aufträge meines Unternehmens durch mein Schreiben an sie beschäftigte. Das Schreiben an die Bundeskanzlerin hatte ich zum Glück aufgehoben. Mit diesen beiden Schriftstücken ging ich zu der Rechtsanwältin, die mein Betreuer für mich ausgesucht hatte. Sie sagte mir zwar, andere würden der Bundeskanzlerin auch schreiben, aber versuchen können wir es. Die Aktion war von Erfolg gekrönt. Nachfolgend die Schreiben, die nötig waren, um meine Lebensversicherung wieder in Kraft zu setzen.

Schubert / Versicherungsgesellschaft

Sehr geehrter Betreuer,

in vorbezeichneter Angelegenheit haben wir die von Ihnen hereingereichten Gutachten von Frau Dr. ... gesichtet.

In dem für uns maßgeblichen Zeitpunkt 18./19.08.2007, zu dem die Kündigung der Berufsunfähigkeitsversicherung ausgesprochen wurde, wurde Herr Schubert mehrfach von Frau Dr. ... begutachtet, so unter anderem am 10.08.2007 und 16.08.2007.

Wie dem uns vorliegenden Gutachten vom 18.10.2007 entnommen werden kann, war Herr Schubert zu diesen Zeitpunkten nach dem psychopathologischen Befund wach, bewusstseinsklar, allseits orientiert. Das formale Denken war geordnet, die mnestischen Funktionen, Konzentration waren unauffällig (Seite 36).

Insgesamt kam Frau Dr. ... für den betreffend die Beurteilung des Vorliegens von Geschäftsunfähigkeit relevanten Zeitraum im August 2007 zu dem Ergebnis, es sei zwar aufgrund der aktuellen Befunde wie auch der Vorgeschichte aus gutachterlicher Sicht eine psychiatrische Behandlung indiziert, allerdings seien die medizinischen Voraussetzungen nicht bzw. noch nicht gegeben, um eine Betreuung gegen den Willen des Betroffenen zu errichten (Seite 40).

Da für das Vorliegen von Geschäftsunfähigkeit hohe Anforderungen gestellt werden, wir hierfür beweisbelastet sind, sehen wir aufgrund dieses eindeutigen Gutachtens keine Möglichkeit, den Nachweis zu erbringen, dass Herr Schubert tatsächlich im August 2007 bei Kündigung des Versicherungsvertrages geschäftsunfähig war. Im Rahmen eines gerichtlichen Verfahrens würde auf das Gutachten von Frau Dr. ... zurückgegriffen werden, welches eindeutig klarstellt, dass Geschäftsunfähigkeit nicht gegeben war. Weitere ärztliche Gutachten liegen uns nach unseren Informationen ebenso wenig vor wie Stellungnahmen anderer behandelnder Ärzte für den relevanten Zeitraum. Aufgrund des eindeutigen gutachterlichen Befundes kann auch nicht davon ausgegangen werden, dass sich ein Gericht durch Aussagen beispielsweise des Vaters von Herrn Schubert oder Herr ... von der Stadt Memmingen in Abweichung von dem Gutachten von Frau Dr. ... von einer vorliegenden Geschäftsunfähigkeit überzeugen lassen würde.

Mangels Erfolgsaussichten raten wir daher von einem weiteren Vorgehen gegen die Versicherungsgesellschaft ab.

Für Rückfragen stehen wir jederzeit zur Verfügung.

Für eine Abrechnung unserer Tätigkeit dürfen wir noch um Beibringung eines Beratungshilfescheines sowie um Einzahlung von € 10,00 Beratungshilfegebühr bitten.

Mit freundlichen Grüßen
Rechtsanwältin

Schubert Bernd / Versicherungsgesellschaft
Lebensversicherung

Sehr geehrte Damen und Herren,

hiermit zeigen wir an, dass wir Herrn Bernd Schubert, Erfurter Str. 81, 87700 Memmingen, vertreten durch den Betreuer anwaltschaftlich vertreten. Eine Kopie einer auf uns lautenden Vollmacht sowie eine Kopie des Betreuerausweises werden diesem Schreiben in der Anlage beigefügt.

1.
Unser Mandant ist Versicherungsnehmer und versicherte Person des Versicherungsscheins Nr. ..., einer Versicherung auf den Todes- und Erlebensfall und Berufsunfähigkeits-Zusatzversicherung.

2.

Unser Mandant leidet seit dem Jahr 1996 an einer schizoaffektiven Psychose, welche psychiatrisch-pharmakologisch behandlungsbedürftig ist, was unser Mandant selbst aber krankheitsbedingt nicht in der Lage ist einzusehen. Unser Mandant ist nicht in der Lage, seinen Willen frei von Krankheitseinflüssen zu bilden.

Aufgrund der bestehenden Psychose und der damit einhergehenden fehlenden Behandlungseinsicht wurde unser Mandant mit Beschluss des Amtsgerichts Memmingen vom 30.01.2008 unter Betreuung gestellt.

Unser Mandant ist nicht in der Lage, seine Angelegenheiten in den Bereichen Aufenthaltsbestimmung, Gesundheitsfürsorge, Vermögenssorge, Entscheidung über die Unterbringung sowie die Entscheidung über unterbringungsähnliche Maßnahmen selbst wahrzunehmen, insbesondere beeinflussen die ohne medikamentöse Behandlung eintretenden wahnhaften Symptomatiken und die damit einhergehenden Beziehungs- und Beeinträchtigungsideen auch sein wirtschaftliches Handeln nachteilig. Er leidet krankheitsbedingt ferner unter Verfolgungsideen wie auch einer Rückzugstendenz.

Zum Nachweis der Erkrankung unseres Mandanten fügen wir den Beschluss des Landgerichts Memmingen vom 20.02.2008, mit dem die Beschwerde des Betroffenen gegen die Bestellung des Betreuers zurückgewiesen wird, anbei.

Ebenfalls legen wir beispielhaft vor das Schreiben unseres Mandanten an das Bundeskanzleramt, zu Händen Frau

Bundeskanzlerin Angela Merkel, mit welchem er die Bundeskanzlerin betreffend seiner zurückgehenden Aufträge im Rahmen des von ihm betriebenen Taxiunternehmens zu befassen trachtete.

Vor dem Hintergrund der bereits im Jahr 1996 erstmals aufgetretenen und diagnostizierten schizoaffektiven Psychose ist davon auszugehen, dass unser Mandant insbesondere auch bei Ausspruch der Kündigung des Versicherungsvertrages im August 2007 geschäftsunfähig gemäß § 104 Nr. 2 BGB, da in einem die freie Willensbildung ausschließenden Zustand krankhafter Störung der Geistestätigkeit befindlich, war.

3.
Nach den uns vorliegenden Unterlagen wurde unserem Mandanten aus der vorbezeichneten Versicherung bereits im Jahr 1996/1997 Leistungen aufgrund bestehender Berufsunfähigkeit gewährt.

4.
Namens und auftrags unseres Mandanten fordern wir Sie auf,

ab sofort

unserem Mandanten Leistungen aus der vorbezeichneten Lebensversicherung mit Berufsunfähigkeits-Zusatzversicherung zu gewähren.

Wie bereits aus den vorliegenden Unterlagen hervorgeht, ist unser Mandant zu 100% berufsunfähig. Zeitgleich wurde vom Betreuer unseres Mandanten auch die Gewährung der gesetzlichen Rente aufgrund Berufsunfähigkeit beantragt. So uns ein entsprechender

Bescheid vorliegt, werden wir diesen an Sie weiterleiten.

Als Frist für eine Stellungnahme haben wir uns den

15.05.2009

notiert.

Für Rückfragen stehen wir jederzeit zur Verfügung und verbleiben,

mit freundlichen Grüßen
Rechtsanwältin

Betr.: Fachärztliche Stellungnahme
Herrn Bernd Schubert, geb. 16.04.1977

Herr S. befindet sich seit Februar 2002 in meiner ambulanten fachärztlichen Behandlung. Die Therapie erfolgte zunächst sehr regelmäßig bis August 2006. Am 11.08.06 fand der letzte Untersuchungstermin statt, in der Folge wurden keine weiteren Termine von Herrn S. wahrgenommen, am 27.10.06 erfolgte lediglich nochmals die Rezeptierung der Dauermedikation in einer für maximal 2 Monate ausreichenden Menge.

Im Jahr 2007 suchte Herr S. mich nicht auf. Im Juni 2007 teilte der Vater mit, dass sich das Zustandsbild im Laufe einiger Wochen wieder deutlich verschlechtert habe, der Patient sei sehr misstrauisch, fühle sich von Nachbarn verfolgt, habe offensichtlich schon länger keine Medikamente mehr eingenommen. Schließlich habe er sich völlig zurückgezogen, er habe Kontakte abgelehnt, sei seinen Verpflichtungen (z. B. Schuldentilgung) nicht mehr nachgekommen. Ich führte daraufhin am 19.06.07 einen Hausbesuch bei Herrn S. durch. Nach meinem Klingeln an der Haustür erschien Herr S. kurz im Hausflur vor seiner Wohnungstür, als er mich erblickte, verschwand er wieder in der Wohnung und reagierte nicht mehr auf mein Klingeln. Auch auf ein Anschreiben meinerseits reagierte Herr S. nicht. Am 23.07.07 teilte der Vater von Herrn S. mir nochmals mit, dass das Zustandsbild sich weiterhin verschlechtert habe, Herr S. spreche mit niemandem mehr, kümmere sich überhaupt nicht mehr um seine finanziellen Angelegenheiten. Von meiner Seite erfolgte daraufhin die Empfehlung der Einleitung eines Betreuungsverfahrens.

Wie geschildert habe ich Herrn S. im August 2007 weder persönlich noch telefonisch gesprochen und insofern keinen aktuellen psychopathologischen Befund erhoben, der die Geschäftsunfähigkeit belegen könnte. Aufgrund der fremdanamnestischen Angaben und des Verhaltens des Patienten ist jedoch davon auszugehen, dass Herr S. im August 2007 (und in den Wochen zuvor) unter einer akuten psychotischen Episode im Rahmen der bei ihm bekannten schizoaffektiven Psychose litt. Die Erkrankung führte im Folgenden auch zur stationären Unterbringung von Herrn S. im Januar 2008 aufgrund eines Beschlusses des Amtsgerichtes Memmingen.

Psychiater

Schubert / Versicherungsgesellschaft

Sehr geehrter Betreuer,

anliegendes Schreiben der Versicherungsgesellschaft erhalten Sie mit der Bitte um Kenntnisnahme.

Mit freundlichen Grüßen
Rechtsanwältin

Lebensversicherung
Anerkennung der Leistungspflicht
- Berufsunfähigkeits-Zusatzversicherung -

Sehr geehrte Damen und Herren,

Sie haben am 30.04.09 Leistungen aus der Lebensversicherung angeschlossenen Berufsunfähigkeits-Zusatzversicherung beantragt.

Nach den uns vorliegenden ärztlichen Unterlagen erkennen wir gemäß § 2 Abs. 2, 1 Abs. 2 der Bedingungen für die Berufsunfähigkeits-Zusatzversicherung bis auf weiteres vollständige Berufsunfähigkeit an. Dadurch entfällt nach diesen Versicherungsbedingungen (§ 1) ab 01.04.09 die Verpflichtung zur Beitragszahlung.

Ab dem genannten Zeitpunkt zahlen wir bis auf weiteres auch

eine vierteljährliche Rente.

Der Anspruch auf die versicherten Leistungen erlischt, wenn die Berufsunfähigkeit wegfällt, spätestens bei Fälligkeit der Versicherungssumme bzw. Ablauf der Beitragszahlungsdauer. Bitte teilen Sie uns eine erneute Berufsausübung sofort mit.

Die Höhe der Berufsunfähigkeitsrente sowie einen eventuell angefallenen Nachzahlungsbetrag können Sie aus folgender Abrechnung ersehen.

Abrechnung

Die Jahresrente beträgt 24,00 % der beitragspflichtigen Versicherungssumme, das sind 5.285,00 EUR zahlbar vierteljährlich im Voraus, also mit 1.321,25 EUR.

anteilige Rente vom 01.04.09 bis 01.06.09   880,83 EUR
viertelj. Rente vom 01.06.09 bis 01.12.09   2.642,50 EUR
Bewertungsreserve BUZ einmalig   9,33 EUR
Auszahlung   3.532,66 EUR

Anbei erhalten Sie einen Nachtrag zu Ihrem Versicherungsschein.

Mit freundlichen Grüßen
Versicherungsgesellschaft

34

Nachtrag zum Versicherungsschein

Ab 01.04.09 hat Ihr Vertrag folgenden Inhalt:

Versicherungsnehmer
Bernd Schubert

Versicherungssumme
22.020 EUR

Versicherte Person
Bernd Schubert

Unfallzusatzsumme
22.020 EUR

geboren am
16.04.1977

Beginn der Versicherung
01.09.1993 (12 Uhr)

Ablauf d.Beitragszahlung
01.09.2037

Ablauf d.Versicherung
01.09.2037 (12 Uhr)

Tarifbeschreibung

Versicherung auf den Todes- und Erlebensfall
und Berufsunfähigkeits-Zusatzversicherung
Die Versicherungssumme wird bei Tod der versicherten Person,
spätestens beim vereinbarten Ablauf der Versicherung fällig.
Die Beiträge sind bis zur Fälligkeit der Versicherungsleistung
zu zahlen.

ausgefertigt am
20.10.2009

Versicherungsgesellschaft

Trennung von den Eltern und Umzug in eine andere Stadt

Es war nicht leicht im Alter von 33 Jahren auf so engem Raum mit den Eltern zusammen zu leben. Ich hatte zwar meine eigene Dachgeschosswohnung, aber wir gingen uns immer häufiger auf die Nerven. Ende 2010 fand ich auf der Internetseite eines Kuriers von einer Stadt in die ich gerne ziehen wollte, da ich dort auch meine Freunde hatte, eine freie Wohnung. Es war etwa halb acht Uhr abends und ich rief die angegebene Telefonnummer an. Eine sehr nette Frau meldete sich und sagte mir, ich könne jetzt noch zur Wohnungsbesichtigung vorbeikommen. Ich sagte sofort zu, da ich Angst hatte, dass die Wohnung sonst anderweitig vergeben wird. Ich eilte zum Bahnhof, ein Auto hatte ich nicht, doch der nächste Zug fuhr erst viel später. Es war gerade ein Taxi frei, also stieg ich ein und ließ mich in die Stadt fahren in die ich ziehen wollte. Bei der Mieterin angekommen, besichtigte ich die Wohnung und sie gefiel mir recht gut. Sie war ausreichend groß und ein Balkon war auch dabei. Die Mieterin sagte, wenn sie die Küche abnehmen, können sie die Wohnung haben. Sie klärte das ganze am nächsten Tag mit dem Vermieter ab, und ich bekam die Wohnung.

Es ging gleich gut los in der neuen Wohnung, ich lud meine ganzen Freunde ein und wir feierten bis in die Nacht hinein. Ich hatte Abwechslung, ab und an fuhr ich mit dem Zug in die Stadt, in der ich vorher gewohnt hatte und fuhr dort Taxi. Ich kam aber nicht ganz davon los, mich um die Schadensersatzklage zu kümmern, mit der ich voriges Jahr begonnen hatte. Mein Ziel war es, im März 2011 den Betreuer los zu bekommen und die damit verbundene Medikamenteneinnahme, vom zuständigen Arzt bestimmt, los zu bekommen. Dieses Medikament gab mir aber Sicherheit und ohne dieses Medikament würde es mir schlecht gehen. Das wollte ich damals nicht wahrhaben. Also arbeitete ich darauf hin, ohne Betreuer und damit ohne Medikament weiter zu machen. Die Zeit war gekommen und der zuständige Arzt bestätigte dem Amtsgericht mit einem vorerst letzten Gutachten, dass keine Betreuung mehr nötig wäre.

So kam es nach einiger Zeit dazu, dass mich die Mieter, die über mir wohnten, mich in meiner Ruhe störten. Was ich auch heute noch sicher behaupten kann, es war fast jeden Tag und jede Nacht laut durch Trampeln und rücksichtsloses Geräusche machen der Mieter über mir. Der Hausverwaltung faxte ich, dass ich mit der Ruhestörung nicht zurechtkomme und ich auch nachts deswegen nicht mehr schlafen könne. Ich bekam keine Antwort. Auch telefonisch war der Zuständige der Hausverwaltung nicht zu erreichen. Ich beschwerte mich persönlich bei den Ruhestörern und bat um Ruhe, aber diese entgegneten mir nur patzig, wir sind das nicht und ich solle doch zur Polizei gehen. Dies war in der Tat das einzige was mir noch übrig blieb. Ich sprach einige Male bei der örtlichen Polizei vor und zweimal kamen sie sogar ins Haus, um sich von der Lage zu überzeugen. Dummerweise waren die Nachbarn immer dann ruhig als die Polizei im Haus war und es konnte nichts festgestellt werden. Ich zeigte den Polizisten die Hausordnung, in der stand, dass ab 22 Uhr Ruhe sein muss. Ruhezeiten galten auch mittags. Die Nachbarn hielten sich nicht daran. Die Polizisten sagten mir, ich solle das Landratsamt anschreiben. Das tat ich dann auch, aber ich bekam keine Antwort. Dann kam es dazu, dass ich in der Wohnung einfach nicht mehr wohnen wollte. Ich schaute mich wiederum in einer anderen Stadt wegen einer freien Wohnung um, aber ich hatte kein Glück. Ich suchte den ganzen Nachmittag vergeblich in Zeitungen, die in Cafés auslagen. Abends, als es schon dunkel war, machte ich noch einen Nachtspaziergang in der Stadt in der ich ohne Erfolg eine Wohnung suchte. Dann wurde ich plötzlich wegen Herumlaufens in der Stadt Mindelheim von der Polizei kontrolliert und zum Bahnhof gefahren.

In dieser Umgebung brauchte ich keine Wohnung mehr zu suchen, dachte ich mir. Das bringt nichts. Also warum nicht gleich in eine größere Stadt ziehen, wo man vielleicht auf junge Leute trifft, mit denen man etwas unternehmen kann. Ich schaute mir die Großstädte München und Berlin an. In München sprach ich Leute an und fragte sie, wie man am besten an eine günstige Wohnung hier in der Stadt kommen könnte. Später amüsierte ich mich mit ihnen noch in verschiedenen Lokalen. Solche netten Bars und Kneipen gab es da nicht, wo ich herkam. Ich war begeistert. Ich bemühte mich in München um eine Mietwohnung aber zu einer Vermietung kam es nicht. In Berlin wurde ich auch nicht fündig, auch dort traf ich sehr nette und gesprächige junge Leute. Allein schon die gigantischen Gebäude dort faszinierten mich bei einem Stadtrundgang. Am Ende des Tages nahm ich in Szenekneipen noch ein paar Magazine der Stadt mit, in denen auch Wohnungsgesellschaften inseriert hatten. Von zu Hause aus wollte ich telefonisch bei diesen Gesellschaften wegen einer Wohnung in Berlin nachfragen. Aber auch dort stieß ich auf

Ablehnung. Was ich heute noch nicht begreife ist, warum ich deswegen dann die Kanzlerin angeschrieben habe, aber ich tat es. Wieder einmal. Und ich bekam wieder eine Antwort (nachfolgend das Schreiben, sowie die Auflösung der Betreuung).

Umzug nach Berlin

Sehr geehrte Frau Dr. Angela Merkel,

am 18.03.2007 schrieb ich Ihnen wegen meines Taxiunternehmens Fahrservice Schubert. Sie ließen mir antworten, aber es hat nicht mehr geklappt.

Im Anschluss an die Beendigung des Fahrservice Schubert folgten sehr unangenehme Dinge. (Als Anlage beigefügt)

Ein Ulmer Rechtsanwalt, den ich dieses Jahr mit der Verfolgung der Sache beauftragt habe, hat von mir 700,- € verlangt, 2 Schreiben gemacht, dann war der Fall erledigt, erreicht wurde nichts. Er meldet sich auch nicht mehr.

Zu meiner Person:
Seit März 2011 nehme ich kein Medikament mehr, ich bin kerngesund und habe ein gutes Wohlgefühl. Im März 2011 bin ich für weitere 2 Jahre in die Rente geschickt worden. Sobald ich eine vernünftige Arbeit, meiner Ausbildung und meiner Fähigkeiten entsprechend gefunden habe, möchte ich wieder arbeiten.
Letzte Woche besuchte ich Berlin, da ich diese Stadt sehr schön finde und da ich dort hinziehen will. Die Leute verhalten sich dort

normal und man kann sich gut mit ihnen unterhalten.
Gerne hätte ich eine Wohnung in Berlin-Mitte, auch aufgrund
dessen, da ich kein eigenes Auto besitze. Im "Berlin-Mitte-Heft"
las ich die Werbung der City-Wohnen Wohnungsgenossenschaft,
Linienstraße 111, der Wohnungen Berolina, Sebastianstraße 24
und der Wohnungsgenossenschaft, Mollstraße 13.

Die Wohnungen, die diese 3 Gesellschaften anzubieten haben,
sind entweder möbliert oder über 100 qm groß.
Ich habe eigene Möbel und ein Nettoeinkommen von 1.000,- €.
Folglich sind diese Wohnungen nicht brauchbar. Im Internet sind
keine vernünftigen Wohnungen vorhanden.

Mit meiner Rente in Höhe von 1.000,- € kann ich bis zu 650,- €
Warmmiete bezahlen, die Wohnung sollte mindestens 50 qm groß
sein.

Wenn Sie mir einmal helfen, bin ich Ihnen für alle Zeiten
dankbar. Eventuell können Sie die Unterlagen an eine kompetente
Person weiterleiten.

Mit freundlichen Grüßen
Bernd Schubert

Sehr geehrter Herr Schubert,

Bundeskanzlerin Dr. Angela Merkel hat mich gebeten, Ihnen für Ihr Schreiben vom 14. September 2011 zu danken.

Wenn ich Ihr Schreiben richtig verstehe, möchten Sie nach Berlin ziehen und bitten die Bundeskanzlerin um Unterstützung bei der Wohnungssuche.

Leider ist es schon aus zeitlichen Gründen nicht möglich, dass die Bundeskanzlerin in Ihrem Sinne tätig wird.

Das Internet hilft Ihnen da vielleicht mehr. Schauen Sie doch unter

www.null-provision.de/mietwohnung.Berlin/berlin.html

oder einer anderen Internet-Adresse nach. Dort werden auch Wohnungen, die Ihrer finanziellen Vorstellung entsprechen, angeboten.

Die Bundeskanzlerin wünscht Ihnen viel Erfolg bei der Wohnungssuche.

Die eingereichten Unterlagen lasse ich Ihnen wieder zugehen.

Mit freundlichen Grüßen
Bundeskanzleramt

Ärztliches Attest
über
Bernd Schubert, geb. 16.04.1977
zur Vorlage beim Amtsgericht Memmingen

Og. Patient steht bei mir wegen einer schizoaffektiven Psychose, aktuell leichtes Residuum, in Behandlung. Eine Betreuung ist zum jetzigen Zeitpunkt m.E. beim Patienten nicht erforderlich.

Mit freundlichen Grüßen
Psychiater

Neues Betreuungsverfahren – Weiterführung der Schadens-ersatzklage

Während des Jahres 2011 war ich dann also wieder ohne Medikament. Ich verfasste eine Dienstaufsichtsbeschwerde an den Chef des Landgerichts. Hier bekam ich eine aufschlussreiche Antwort. Ich sollte mich mit einem Rechtsanwalt absprechen, wie weiter vorgegangen werden kann. Zum Verständnis, die Dienstaufsichtsbeschwerde diente der Schadensersatzforderung für die zu Unrecht erteilte Betreuung aus meiner Sicht. Der zweite Rechtsanwalt, der sich schon in der Vergangenheit um das Betreuungsverfahren kümmerte, teilte mir leider mit, dass er mich nach einer Dienstaufsichtsbeschwerde durch mich nicht mehr weiter vertreten wolle. Also musste ein dritter Rechtsanwalt her. Diesmal jemand, der für Familienrecht spezialisiert war. Ich fand so jemanden, der einzige Nachteil war nur, dass ich ihm im Voraus 700.- bis 1000,- Euro für seine Arbeit überweisen musste. Blind wie ich war, tat ich auch das. Es kam zu einem Gespräch und der Anwalt wusste nicht so recht, wo er ansetzen sollte. Will ich gegen die Folgen der Betreuung klagen, also dass ich z. B. aufgrund der Abstufung in die Rente keinen Arbeitsplatz mehr bekommen würde oder gegen den Betreuer. Er sagte mir, viele kommen zu ihm, weil sie die Rente nicht bekommen. Nachdem ich von diesem Rechtsanwalt, er hatte gerade einmal zwei Schreiben verfasst, nichts mehr hörte, wollte ich mich selbst um die Sache kümmern.

Ich schrieb der nächsthöheren Instanz, dem Oberlandesgericht. Nachdem ich vom OLG keine Antwort bekam, rief ich dort an. Ich unterhielt mich mit der Vorsitzenden Richterin über meine Schadensersatzklage. Sie machte mir deutlich, dass ich mich bei meiner Schadensersatzklage an das zuständige Amtsgericht wenden muss. Nun hatte ich einen teuer bezahlten Rechtsanwalt, der sich nicht mehr meldete und eine geschriebene Dienstaufsichtsbeschwerde, die mir so auch nichts einbrachte. So weit, so gut.

Im Folgenden die Schreiben betreffend der Schadensersatzklage.

Schadensersatzklage / Betreuungsverfahren

Sehr geehrter Herr ..., (Rechtsanwalt beim Bundesgerichtshof)

ich beziehe mich auf unser gemeinsames Telefonat vom 20.01.10, Sie hatten mir damals zugesagt, dass ich mich in der o. g. Angelegenheit nochmals bei Ihnen melden dürfte.

Da die Angelegenheit recht umfassend ist, möchte ich nun auf schriftlichem Wege auf Sie zukommen.

Bei welchen u. g. Punkten kann Schadensersatz verlangt werden? Weiter ist es mir ein großes Anliegen, die Betreuung aufzuheben. Können Sie mir hier gleich behilflich sein und entsprechend eingreifen, oder müssen Sie, als Bundesanwalt warten, bis die Angelegenheit, nach Beschwerde, nochmals beim Landgericht vorliegt?

Zunächst möchte ich anmerken, dass ein falsches Urteil, zu meinem Nachteil, ausgesprochen wurde.
Als Begründung nenne ich folgendes:
- es musste ein 2. Gutachten erstellt werden, das 1. Gutachten reichte zur Betreuungserteilung nicht aus
- Herr Richter ... sagte ausdrücklich, dass es sich um einen Grenzfall handle

Derzeitige Situation:
Seit über 2 Jahren kontrollierte Medikamenteneinnahme - nach Klinikentlassung wohnhaft bei den Eltern (siehe Gutachten April 2010)

Ohne Verfahren (dies hätte ich vorgehabt):
Nach gescheiterter Selbstständigkeit (Taxi-/Mietwagenunternehmen) in Memmingen, Umzug zu meinen Freunden in ein Dorf bei einer kleinen Stadt. Ohne Unterbrechung weiter Taxi fahren in Illertissen, eine Stelle war frei.

Durch den Druck, den so ein Verfahren mit sich bringt, habe ich mein Geschäft nach Schließung nochmal eröffnet (4 Monate rote Zahlen) und meine Lebensversicherung aufgelöst.

Grund der Einleitung des Betreuungsverfahrens und Folgen:

Nach erster Schließung meines Fahrservice im Mai 2007 wollte ich meinen eigenen Weg gehen, ich wäre zu meinen Freunden nach Illertissen gezogen und wäre dort Taxi gefahren.

Mein Vater wollte, dass der Kontakt zu ihm nicht abbricht und kam deswegen gerichtlich (Beantragung einer Betreuung bei der Stadt) auf mich zu. Er hat dadurch für sich erreicht, dass ich nicht tun konnte, was ich wollte, sondern dass ich (nach Klinikaufenthalt) wieder bei ihm eingezogen bin.

Dem Druck eines gerichtlichen Betreuungsverfahrens hielt ich nicht stand, es folgten wirtschaftliche Fehlentscheidungen.

Ein gewollter Umzug in eine zugesagte, günstige Wohnung nach Dietenheim bei Illertissen konnte nicht mehr erfolgen, da ich zur selben Zeit der Umzugsaktivitäten polizeilich ins Klinikum eingeliefert wurde. Ich gab keinerlei Anlass für eine solche Vorgehensweise. Ich hatte doch keine Straftat begangen, dass Polizei nötig gewesen wäre. Hat der Betreuer eine richtige, plausible Erklärung, die dieses Vorgehen rechtfertigt? Gerne würde ich dazu eine Stellungnahme abgeben.

Im Klinikum Memmingen folgendes Fehlverhalten der Ärzte:

1.   Trotz Kontaktherstellung zu meinen Eltern weitere viele Wochen Krankenhausaufenthalt. Schon zu Beginn des Aufenthalts wurde mir von einem Arzt ausdrücklich angedroht, wenn ich nicht mit dem Rechtsanwalt aufhören würde, würde es länger dauern.
2.   Wenn ich schon im Krankenhaus war, es wurden keinerlei Fragen zu meinem Fahrservice gestellt. Man hätte ja Hilfen geben können, wie ich den Verlust meines Geschäftes verarbeiten hätte können. Stattdessen nur wochenlanges, sinnloses Festhalten.

3. Ich wurde schikaniert. Mir wurde von einer Ärztin die Frage gestellt, ob ich Freunde hätte. Nachdem ich mit „ja" antwortete, sagte sie verächtlich, nennen Sie mir EINEN. 4. Mir wurden Vorwürfe gemacht, ich würde Gedankensprünge machen. Gehört dies zum Standardprogramm eines Psychologen, der nicht weiß, wie er mit einem Patienten umgehen soll? Ich erzählte es einer Pflegerin, eine politisch Engagierte, ich würde Gedankensprünge machen, diese Frau hat das aber vollkommen widerlegt.

Kripo Memmingen:

Zu dem Thema der Anzeige bei der Polizei wg. vermeintlichem Zugang eines Fremden in meine Wohnung. Meine Gründe waren hierfür, verstellte Stereoanlage und die Duschkabine sei schief angeschraubt. In der Tat wies die Stereoanlage Mängel auf sowie auch die Duschkabine. Auf Rat des Wohnungsvermittlers (Immobilien ...), habe ich vorsorglich diese Anzeige bei der Polizei gemacht.
Dieser einzige Punkt war, meiner Ansicht nach, der Grund für Herrn Richter ..., ein Urteil für die Erteilung einer Betreuung zu fällen, obwohl ich bei der Anhörung ausdrücklich gesagt habe, dass ich mich getäuscht hatte.

Medikamente:

In meiner Zeit als Bankkaufmann bei der Raiffeisenbank von 1997 – 2002 benötigte ich weder Psychologe, noch Medikamente.
Auf Rat des Vaters meiner damaligen Freundin folgend, und ihrer Mutter, Allgemeinärztin, stoppte ich die Einnahme einer 4-jährigen sehr geringen Dosis Psychopharmaka. So fuhr ich von Oktober 2006 – Dezember 2007 ohne Medikament problemlos Taxi.

Abschließend ein letzter Punkt:

Bei dem gesamten Betreuungsverfahren konnte ich lediglich feststellen, dass es mir nur geschadet hat. Selbst wenn es mir ETWAS schlecht ging (in Folge der Schließung meines Unternehmens), so schlimm war es nicht, dass man derart vorgegangen ist.

Vor Beginn des Verfahrens und anfangs war meine gesundheitliche Verfassung noch auf einem Normalstand – das erste Gutachten im Oktober 2007 reichte nicht aus.

Der wahre Grund, warum es mir von August 2007 bis zum jetzigen Zeitpunkt gesundheitlich nicht gut ging, ist das Betreuungsverfahren selbst.

Mit freundlichen Grüßen
Bernd Schubert

Schadensersatzklage / Betreuungsverfahren

Sehr geehrter Herr Schubert,

wir bedanken uns für Ihr Schreiben vom 4. Juni 2010. Das uns angetragene Mandat können wir leider nicht übernehmen. Unsere Tätigkeit beschränkt sich auf Rechtsmittel zum Bundesgerichtshof im Anschluss an Berufungs- oder Beschwerdeverfahren. Mit Ihrem Anliegen - Schadensersatzklage, Aufhebung der Betreuung - müssen Sie sich daher zunächst an einen bei den Instanzgerichten zugelassenen Anwalt wenden.

Die uns überlassenen Unterlagen reiche ich zu unserer Entlastung an Sie zurück.

Ich bedaure, keine anderslautende Mitteilung machen zu können.

Mit freundlichen Grüßen
Bundesanwalt

Dienstaufsichtsbeschwerde
(Betreuungserteilung durch Herrn ...)
Gutachten durch Frau Dr. ... - Psychiatrische Vermessenheit

Sehr geehrte Damen und Herren,

im Jahr 2008 bekam ich eine Betreuung erteilt. Ich erhob Einspruch dagegen. 2010 ergab sich durch ein Gutachten, dass die Betreuung aufgelöst werden kann, sie besteht aber bis heute immer noch.

Vorhanden waren zur Zeit der Betreuungserteilung:

- zugesagtes Arbeitslosengeld Hartz4

- eine günstige, bereits zugesagte Wohnung in einem Dorf bei einer kleinen Stadt

- soziale Kontakte in der kleinen Stadt, in der ich wohne

(Bei fehlerhaften Operationen gibt es eine Arzthaftung, Psychiater dagegen können Fehler produzieren, ohne Konsequenzen.)

Da die damalige Situation klar war, bitte ich Sie um Überprüfung.

Die jetzige Situation sieht wie folgt aus:
- Eine Wohnung in einer kleinen Stadt.
- Einmal wurde ich von Eltern, Betreuer und Arzt zu einer erhöhten Medikation gezwungen, weil eine unangenehme Tatsache über meine Schwester ans Licht gebracht hatte.
- Jetzt mache ich alles so, wie ich es vor 3 Jahren schon gemacht habe und entsprechend vorbereitet habe, dann hätte man mich ja gleich mein Leben so, wie es war, weiterleben lassen können.
- Man betrog mich um 3 Jahre meines Lebens, indem ein unerfahrener und unwissender Richter (er sagte selbst, er wisse nicht, was er tun solle, ein Arzt müsse dies bestimmen) über mein Leben entscheiden durfte.

Fehler der Psychiater:

- keine Befragung zur beruflichen Vergangenheit
- keine Befragung zur aktuellen Situation (Hartz4 schon bean-tragt, bevorstehender Umzug, Vorhandensein von Freunden, usw.)
- in den Gutachten werden mir Sachen angehängt und Märchen dazu gedichtet.
- ich hatte eine Grundlage, Finanzgeschäfte konnten erledigt

49

werden, Kontakt zu Freunden bestand. Umzug in eine günstigere Wohnung wurde vorbereitet. Deswegen brauchte ich keine Betreuung.

Folge der Fehlverhalten:

Der Betreuer kam ins Haus und entschied über eine Krankenhausunterbringung, später erfolgte dann die polizeiliche Abholung. Entlassung nach Monaten. Es war von vorne herein klar, dass ich dort hin musste, darauf hatte ich damals überhaupt keinen Einfluss.

Ohne Betreuungserteilung würde ich jetzt, nach unglücklich gelaufener Selbstständigkeit, wieder gefestigt, seit 3 Jahren in einem Dorf bei … wohnen.
… sagt mir auch deswegen mehr zu als Memmingen, da hier ein Freizeitbad und Seen vorhanden sind, und ich mich dort als Schwimmer in meiner Freizeit besser beschäftigen kann, und als Wohnungssuchender hat man bessere Chancen.
Vor 3 Jahren, wie auch jetzt, habe ich … als Wohnort gewählt, was bedeutet, dass ich damals das gleiche gemacht hätte wie heute.

Zum Krankenhausaufenthalt:

Eine einzige Pflegerin im Klinikum bestätigte die Anschuldigungen der Ärzte an mich nicht. Eine Frau, die auch im politischen Bereich in Memmingen/ Steinheim tätig ist, damit musste sie ja genug Verstand haben um die Situation zu beurteilen.

Im Gutachten wurde mir angelastet, mein Denken sei verlangsamt. Sind Diejenigen Verantwortlichen Gutachter schon einmal auf die Idee gekommen, dass ein Neuroleptikum die Körperfunktionen verlangsamt?

Erläuterungen zu folgenden Anschuldigungen der Gutachterin:

- finanzielle Schwierigkeiten

a) Der Dispo-Kredit war beansprucht, wie es nahezu bei jedem zweiten Bundesbürger der Fall ist.

b) Hartz4 war beantragt und bewilligt, wie es auch bei weiteren ca. 4 Millionen Arbeitslosen so ist.

Anregung für eine Betreuungserteilung:
In unserem Land werden Privatinsolvenzen bei Personen mit Schulden in Höhe von 200 bis 300 Tsd. Euro beantragt und genehmigt. Hier wäre beispielsweise eine Betreuung angebracht.

- gesundheitliche Schwierigkeiten

a) Körperlich keine.

b) Seelisch nur insoweit, dass ich gerade Geschäft und Freundin verloren hatte, und deshalb etwas unglücklich war.

c) Bestehende soziale Kontakte. Die Fähigkeit, die finanziellen Geschäfte auch nach der beendeten Selbstständigkeit zu führen.

Ansichten der beauftragten Ärzte:

- Eine in 2008 behandelnde Ärztin schlug vor, die Betreuung gleich für 7 Jahre zu erteilen.

- Im Jahre 2010 schlägt ein Arzt vor, dass die Betreuung sofort auflösbar ist. Hier wird doch klar, dass die Ärzte ihre Patienten gar nicht kennen oder nicht kennen wollen.

Ich möchte zusätzlich betonen, dass eine bestehende Betreuung bei mir

- im Bereich, eine Lebenspartnerin zu finden, störend ist.

- störend ist, bei der einem die Möglichkeit, sich geistig zu betätigen, indem wichtige Entscheidungen, die zu treffen sind, und wichtige Tätigkeiten, die zu erledigen sind, weggenommen wird. Das Leben der betreffenden Person ist extrem eingeschränkt.

- unangebracht ist, aus folgendem Grund: Durch den Betreuer bin ich in die Rente geschickt worden, ein späterer Arbeitsplatz in den erlernten Berufen Industrie- und Bankkaufmann ist zunichte gemacht worden, denn eine Bewerbung, bei der von 2 Jahren Rente die Rede ist, landet im Papierkorb.

Unter dem Gesichtspunkt, dass überhaupt keine Beweise vorliegen, die klarlegen, dass ich mein Leben in irgendeiner Weise nicht fortsetzen konnte, verlange ich, dass die Betreuung für nichtig erklärt wird, sowie Schadensersatz für die 3 Jahre.

Im ersten Gutachten, sowie in weiteren Gutachten wurden irgendwelche eventuell passenden Standardpassagen psychiatrischer Schreibkunst angewandt.

Das erste Gutachten griff aus Mangel an Beweisen überhaupt nicht. Ich wurde daraufhin nicht in Ruhe gelassen, um mich von den psychiatrischen Attacken der Ärzte wieder zu erholen. Nein, es wurde weiter überwacht, befragt und erniedrigt. Ich erlitt dadurch seelischen Schaden.

Anstatt mich zu meinen Freunden nach … ziehen zu lassen, folgte eine aufgezwungene Krankenhausunterbringung durch den Betreuer, wo ich unter lauter wirklich Kranken, und einem Pflegepersonal, das nur ihre schlechte Seite zeigte, festgehalten wurde. Gleich mehrere Monate. Eine Genesung von der seelischen Belastung, die dort an mich herantrat, war nicht möglich.

Der Betreuer spricht beim letzten Hausbesuch, im Beisein einer Auszubildenden, davon, dass ich schon mehrmals im Krankenhaus war. In Wahrheit war ich 1 x im Alter von 18 Jahren im Krankenhaus, wegen Erniedrigung am Arbeitsplatz und Verlust der Freunde, da sie studieren gegangen sind, und meiner Mutter, die zu der Zeit Krebs hatte.

Der zweite Krankenhausaufenthalt war aufgezwungen. Es wurde Macht ausgeübt an mir, einem nicht schuldigen, wehrlosen Mitbürger.

Die Richter vom Landgericht, die meinen schriftlichen Einspruch erhielten, und mich nur vom Gutachten her kannten, nicht etwa durch eine Vorladung, schrieben bei ihrer Entscheidung, zu meinen Ungunsten, meine mir angelastete Krankheit entwickle eine Dynamik, weil ich schriftlich Einspruch erhoben hatte und mich entsprechend rechtfertigte. Sie entschieden damit auch gegen meine damals noch aussichtsreiche Zukunft.

Mit freundlichen Grüßen
Bernd Schubert

Ihre Dienstaufsichtsbeschwerde gegen Herrn Richter am Amtsgericht ... in Ihrer Betreuungssache

Sehr geehrter Herr Schubert,

Ihre Dienstaufsichtsbeschwerde vom 06.01.2011 ist hier am 11.01.2011 eingegangen. Da Dienstvorgesetzter des Richters der Herr Präsident des Landgerichts Memmingen ist, habe ich Ihre Eingabe zuständigkeitshalber weitergeleitet.

Mit freundlichen Grüßen
Direktor des Amtsgerichts

Ihre Dienstaufsichtsbeschwerde vom 6. Januar 2011 gegen Richter am Amtsgericht Memmingen ...

Sehr geehrter Herr Schubert,

Sie haben sich mit Schreiben vom 06.11.2011 an den Direktor des Amtsgerichts Memmingen gewandt. Sie rügen darin unter anderem das dienstliche Verhalten des in Ihrem Betreuungsverfahren tätigen Richters am Amtsgericht ... und erheben Dienstaufsichtsbeschwerde.

Die Aufsicht über die Richterinnen und Richter des Amtsgerichts Memmingen - soweit eine solche überhaupt besteht - obliegt nicht dem Direktor des Amtsgerichts Memmingen, sondern dem Präsidenten des Landgerichts Memmingen.

In der Sache selbst muss ich Ihnen mitteilen, dass ich nicht befugt bin, in eine dienstaufsichtliche Prüfung einzutreten. Mit Ihrer Beschwerde beanstanden Sie zunächst die Errichtung und Aufrechterhaltung der Betreuung. Die Entscheidung hierüber gehört zum Kernbereich der Tätigkeit einer Richterin bzw. eines Richters. In diesem Kernbereich sind Richter unabhängig und nur dem Gesetz, damit aber gerade keiner Dienstaufsicht unterworfen (Artikel 97 Absatz 1 unseres Grundgesetzes). Von Verfassungs wegen ist es mir deshalb verwehrt, die Entscheidungen des Richters am Amtsgericht ... in Ihrem Betreuungsverfahren zu überprüfen. Die Kontrolle richterlicher Entscheidungen erfolgt demnach nicht durch den Präsidenten des Landgerichts, sondern durch die übergeordneten Gerichte im Rechtsmittelverfahren. Soweit Sie die Entscheidungen des Richters am Amtsgericht ... beanstanden, müssen Sie die entsprechenden Rechtsmittel einlegen, wie Sie es in der Vergangenheit bereits getan haben. Gleiches gilt für die von Ihnen begehrte Aufhebung der Betreuung. Auch diese müssen Sie im hierfür vorgesehenen gerichtlichen Verfahren betreiben. Ich darf Ihnen raten, dies mit Ihrem Anwalt und Ihrem Betreuer zu besprechen.

In Ihrem Schreiben wenden Sie sich weiter gegen die Ergebnisse der psychiatrischen Begutachtungen. Insoweit besteht für mich als Präsident des Landgerichts von vornherein keine Möglichkeit, Ihnen weiterzuhelfen. Gleiches gilt für die von Ihnen beanspruchten Schadensersatzzahlungen. Zur Geltendmachung behaupteter Schadensersatzansprüche steht Ihnen wie jedem Rechtssuchenden der Zivilrechtsweg offen. Dies sollten Sie gegebenenfalls mit Ihrem Anwalt besprechen.

Mit freundlichen Grüßen
Präsident des Landgerichts

Sehr geehrter Herr Schubert

wie telefonisch besprochen, erhalten Sie Ihre Unterlagen zurück.

Vorsitzende Richterin
am Oberlandesgericht

Betreuungssache Bernd Schubert

Sehr geehrter Betreuer,

hiermit zeige ich an, dass ich nunmehr Herrn Bernd Schubert anwaltlich vertrete - Vollmacht anbei. Mein Mandant legt mir die "Erklärung" vom 29.03.2011 vor. Aufgrund Ihrer Angaben über den Zweck und Hintergrund der Erklärung wurde mein Mandant getäuscht, da Sie ihm einen anderen Sachverhalt geschildert haben.

Namens und in Vollmacht meines Mandanten wird hiermit diese Erklärung vom 29.03.2011 unter sämtlichen rechtlichen Gesichtspunkten - insbesondere wegen arglistiger Täuschung - angefochten.

Mit freundlichen Grüßen
Rechtsanwalt

Jetzt kam es aber dazu, dass sich mein Gesundheitszustand extrem verschlechterte, auch aufgrund der schon so lange andauernden Ruhestörung der Nachbarn, gegen die ich nichts tun konnte. Das ging so weit, dass ich mich bei der Polizei in der Landeshauptstadt München vorstellte und mich über die Ruhestörung beschwerte. Dort hieß es nur, wir sind da nicht zuständig, gehen sie zur zuständigen Polizeibehörde ihrer Stadt. Was ich wieder tat. Erschwerend dazu kam, dass ich wieder einmal wegen Herumschlenderns in der Stadt von der Polizei kontrolliert wurde. Wegen der Ruhestörung rief ich dann auch bei der Polizei in der Stadt an, in der ich vorher gewohnt hatte. Alles in allem – zu viel Polizei. Es wurde ein neues Betreuungsverfahren gegen mich eingeleitet, was ich mit einer ärztlichen Bestätigung meines Hausarztes überraschend schnell beenden konnte.

Ärztliche Bescheinigung

Ich bescheinige, dass Herr Schubert Bernd, geb. am 16.04.1977, wohnhaft in 89257 Illertissen, von mir am 21.10.11 untersucht wurde. Die körperliche Untersuchung ergab keinerlei pathologische Befunde, die eine Betreuung des Herrn Schubert rechtfertigen würden.

Praktischer Arzt

Erneute Betreuung und Bundesverfassungsgericht

Es war ja klar, dass ich seit meiner Tätigkeit in der Abteilung Qualitätssicherung als Industriekaufmann und dann erneut nach einer 5-jährigen Beschäftigung bei der Bank eine leichte psychische Erkrankung hatte. Und nur mit dem notwendigen Medikament hatte ich diese Krankheit im Griff. So kämpfte ich mich ohne Medikament bis Anfang 2012 durch. Mit Freunden hatte ich schon lange nichts mehr unternommen. Zu den Eltern hatte ich den Kontakt abgebrochen. Kurz und gut – ich hatte Kontakt zu niemandem mehr. Außer zu dem Rechtsanwalt, den ich aktuell mit meiner Schadensersatzklage beschäftigte.

Eines Tages machte ich mich zum Landgericht Memmingen auf, um mit dem obersten Chef aller Richter in Memmingen, dem Präsidenten des Landgerichts über Schadensersatzklage und Betreuungsverfahren zu reden. Am Eingang sagte ich, dass ich Herrn Prof. ... sprechen möchte, ich sagte dazu, wir kennen uns vom Schriftverkehr. Ich wurde noch auf Waffen durchsucht, klar, er war ja eine sehr wichtige Person. Dann wurde ich zum Präsidenten vorgelassen. Es war nur ein sehr kurzes Gespräch. Ich sagte ihm, dass ich keinen Betreuer brauchte. Darauf erwiderte er, ein Betreuer muss kein Nachteil sein. Zum Thema Schadensersatz sind wir gar nicht gekommen. Netterweise fragte er mich, was ich heute noch so mache, dann verabschiedeten wir uns.

Fest stand, dass ich aus dieser Lage allein nicht mehr herauskam. Zum guten Glück entschied sich das zuständige Amtsgericht meiner Stadt dann doch für eine Betreuung für mich, und zwar sofort. Sie mussten noch irgendwelche Gründe gefunden haben, von denen ich nichts wusste. Aber egal. Mit Betreuer und dem Medikament, das ich so dringend benötigte, war alles wieder in Ordnung. Ich entschied mich aber diesmal, nicht mit der Schadensersatzforderung weiter zu machen, da ich schon allein deswegen unglaubwürdig vor dem Amtsgericht war, weil ich unter Medikation stand und diese immer benötigen würde. Während der Phase als ich meine Schadensersatzklage bearbeitete schickte ich noch alles, was sich darüber an Schriftstücken angesammelt hatte ans Bundesverfassungsgericht mit der Bitte, mir bei meiner Schadensersatzklage weiterzuhelfen.
Dazu übersandte ich dem dortigen Rechtspfleger noch eine

Silbermünze. Warum ich das tat, weiß ich bis jetzt noch nicht. Vielleicht weil ich wollte, dass der Fall schnell und richtig bearbeitet wird.

Ihr Schreiben, hier eingegangen am 18. November 2011
1 Münze

Sehr geehrter Herr Schubert,

die mit oben genanntem Schreiben hierher übersandte Münze erhalten Sie anbei zurück.

Mit freundlichen Grüßen
Bundesverfassungsgericht

Kapitel 3   Meine Vorgehensweise gegen das Betreuungs-
                 verfahren

Als ich nach zahlreichen Erfahrungen mit Rechtsanwälten dann endlich einen Rechtsanwalt fand, der mich für 700,- € vertrat, konnte ich gegen das fragwürdige Betreuungsverfahren etwas unternehmen. Ohne Rechtsanwalt konnte ich das ja nicht. Man ließ mich jedes Mal mit meinen schriftlichen und telefonischen Anstrengungen auflaufen. Sei es bei Landgericht, Oberlandesgericht oder Bundesverfassungsgericht. Mein Telefonanruf beim Oberlandesgericht bei der Vorsitzenden Richterin war zwar meinerseits ungezwungen und sachlich korrekt, aber ich erhielt auf meine Frage wegen Schadensersatz durch zu Unrecht erteilte Betreuung und deren Folgen nur jene Antwort: „Da müssen Sie sich ans Amts- bzw. Landgericht wenden, wo Sie Ihren Wohnsitz haben." Ende des Gesprächs. Keine weiteren Tipps. Vom Landgericht bekam ich zuvor schriftlich, dass eine Prüfung der richterlichen Entscheidung nicht erfolgen kann. Wozu sollte ich mich dann ans Amts- bzw. Landgericht meiner Stadt wenden? Schon der Anfang des Gesprächs war ziemlich seltsam: „Was wollen Sie?" Sagte sie.

Beim Bundesverfassungsgericht erreichte ich durch ein Telefonat mit einem Rechtspfleger ebenfalls nicht sehr viel. Er erklärte mir: „Ihre Silbermünze, die Sie mir mit einem Schreiben zugeschickt haben, muss ich Ihnen zurückschicken." Soweit ich mich erinnern kann, habe ich dort angerufen, weil ich wissen wollte, ob mein Schreiben dort angekommen war. Ich fügte die Silbermünze, eine 1-Mark-Münze aus dem Jahr 1910 etwa, mit Silbergehalt, bei und merkte in meinem Schreiben an, dass zu dieser Zeit das Geld noch einen Wert gehabt hat - im Hinblick auf den Wertverfall des Geldes in der heutigen Zeit. Ich deutete wahrscheinlich die hohen Anwaltskosten bei meinem „Zivilprozess" an, die ich zu tragen hatte, als ich in meinem Schreiben ein wenig ausholte. Auf jeden Fall hat es seinen Sinn gehabt.

Nicht einmal als ich mich ein halbes Jahr später beim Präsidenten des Landgerichts vorstellte, konnte ich einen Vorsprung bekommen und meinem Ziel etwas näher kommen. Bei der Aussage vom Chef des hohen Gerichts: „In Berlin waren´s ja auch schon." – Ich hatte ihm geschrieben, dass ich mich in Berlin um eine Wohnung bemüht hatte. Der Grund hierfür war, dass ich nicht nur mit den Rechtsanwälten sondern auch mit den Leuten, die im Gericht beschäftigt waren, nichts anfangen konnte und deshalb in eine andere Stadt umziehen wollte. Eine Stadt, in der die Mentalität der Menschen noch etwas besser ist. Leute gehen aufeinander zu, usw. Ich höre solchen Sachen auch von Zugezogenen. Sie bezeichnen eine große Universitätsstadt in der Nähe meines Wohnortes als „Die Hochburg der Sturheit", gerade auch wenn es ums Kennenlernen von Frauen geht. Soweit so gut. Worum es mir ging musste ja der höchste Richter von Memmingen wissen. Ich schrieb ihm ja, dass der Richter vom Amtsgericht sowie die drei Richter vom Landgericht gegen meine damals noch aussichtsreiche Zukunft entschieden haben und dass mir die Folgen der Betreuungserteilung geschadet haben. Außerdem steckt man ein Gerichtsurteil, mit dem man nicht einverstanden ist, nicht einfach so weg. Es trifft einen wie ein Blitz. Die ganzen Erwartungen, die man im Leben hat, brechen zusammen. Es herrschte plötzlich Stillstand bei mir und ich stand vor einem Trümmerhaufen. Über dies, also den Kernpunkt der Sache, verlor der gute Präsident des Landgerichts aber kein Wort. Ich verabschiedete mich nach diesem kurzen Gespräch vom Professor und verbrachte einige Zeit in der Stadt. Ich brauchte nicht lange, um festzustellen, dass meine Nerven jetzt blank waren. Aber nicht nur, weil jetzt erst mal Schluss war mit der Schadensersatzklage, nein auch weil ich keine Ruhe mehr fand, da ich von den Mietern die über mir wohnten, Tag und Nacht gestört wurde. Ich wollte also einen Arzt aufsuchen, einen Psychiater. Und da man in Memmingen keine große Auswahl an Psychiatern hat, ging ich wieder zum selben, den ich ein Jahr zuvor hatte. Dieser schickte mich, ohne mich groß zu beachten, gleich wieder weg. Er meinte nur, er könne mich nicht als Patient aufnehmen.

Ich befand mich ja in der Stadt, in der meine Eltern wohnten, also ging ich, ohne eine andere Möglichkeit zu haben, zu ihnen. Ich war ein Jahr nicht mehr bei ihnen. Jetzt brach der Boden unter meinen Füßen ein. Meine Eltern wollten bei einer Tasse Kaffee gar nicht erst hören, was ich ihnen zu sagen hatte, denn sie verschwanden nach einiger Zeit im 1. Stock meines Elternhauses. Dann läutete es an der Haustür und mein Vater öffnete. Ich saß noch im Esszimmer bei meiner Tasse Kaffee. Es traten zwei nicht uniformierte Polizeibeamte ins Ess- und Wohnzimmer ein und sagten mir in unhöflicher Art: „Sie müssen jetzt mitkommen. Wir müssen Sie ins Krankenhaus fahren." Zu dem Zeitpunkt war ich allseits orientiert, weder der Präsident vom Landgericht, mit dem ich vorher noch sprach, noch der Psychiater, bei dem ich eben noch war, stellten fest, dass ich behandlungsbedürftig war. Ich ließ mir nichts Außergewöhnliches Zuschulden kommen. Außer, dass ich einmal ein Auto, in der Stadt wo ich wohnte mit Handzeichen angehalten hatte, um über die Straße zu kommen. Es war eine vielbefahrene Straße und man kam absolut nicht über die Straße. Mir fällte gerade ein, dass ich dieses, also dass mich kein einziger Autofahrer über die Straße gehen hat lassen, einem Polizeibeamten in Illertissen sagte. Das war aber nicht der einzige Grund warum ich bei der Polizei meines Wohnortes war. Ich sagte dem Polizisten auch, dass ich gerne hätte, dass in der Straße, in der ich wohne, die Raser einmal geblitzt werden sollen. Das kümmerte den Polizeibeamten nicht. Er sagte zu mir, ich solle eine weit entfernte Ampel benutzen. Diesen Polizisten kann ich aber noch verstehen. Nur, dass dieses Vorgehen von mir ein Grund für eine Zwangskrankenhauseinweisung war, verstand ich nicht. Den eben genannten Einlieferungsgrund erfuhr ich später von meinem Vater, der pensionierter Polizeibeamter in Memmingen ist. Die etwas unpassende Art, so über die Straße zu gehen ist, aber bei weitem nicht strafbar, denn andere haben so etwas auch schon einmal gemacht. Diejenigen sind dann auch nicht gleich polizeilich oder gerichtlich bestraft worden. Im richterlichen Beschluss für den Krankenhausaufenthalt stand nichts von der Aktion. Stattdessen wurde im Schreiben aufgeführt, dass ich mich in meiner Ruhe gestört gefühlt hatte. Zum Verständnis und wie am Anfang des Buches schon erwähnt:

Ich suchte einige Male Hilfe bei der Polizei wegen der ständigen Ruhestörung durch meine Nachbarn. Infolgedessen, dass ich keinen Zeugen dafür hatte, wertete die Polizei das als behandlungsbedürftig und sie leitete dann auch weitere Schritte ein.

Kapitel 4   Das Problem der Zwangskrankenhauseinweisung

Ein Mieter, der über mir wohnte, ließ mich nachts nicht schlafen.

Ich setzte mich zur Wehr, indem ich dem Mieter selbst sagte, er solle nachts leise sein. Das brachte nichts. Dann ließ ich Polizei ins Haus kommen, das brachte ebenfalls nichts, denn zu der Zeit als die Polizei da war, war der Ruhestörer leise. Der nächste Schritt war ein Telefonat mit der Hausverwaltung. Das Ergebnis war: es kümmerte sich niemand darum. Ich schickte der Hausverwaltung noch ein Fax, aber ich bekam keine Antwort.

Ich war machtlos gegen die nächtliche Ruhestörung. Dadurch, dass ich nachts nicht mehr schlafen konnte, war ich jetzt tagsüber total fertig. Ich musste meinen Arbeitsplatz als Taxifahrer aufgeben.

In meiner Wohnung hielt ich es wegen des Mieters über mir nicht mehr aus, so dass ich mich um eine andere Wohnung bemühte. Ich suchte in der Stadt in der ich wohnte, aber ohne einen Arbeitsplatz bekam ich keine Wohnung. In anderen Städten suchte ich auch, aber ich bekam überall eine Absage.

Bei der Polizei ließ ich nicht locker. Ich meldete mich immer wieder bei der Polizei. Ich fragte, ob sie denn gegen die

Ruhestörung nichts machen könnten. Als Antwort bekam ich: „Gehen Sie in ein Hotel oder ins Krankenhaus." Mir wurde noch der Tipp gegeben, ich solle das Landratsamt deswegen anschreiben. Ich bekam keine Antwort. Nun fragte ich noch bei der Polizei nach, in der Stadt, in der ich zuvor gewohnt hatte, was ich gegen die Ruhestörung machen kann. Ich bekam keine weiterbringende Antwort. Dann fuhr ich zur Polizei nach München, um dort Hilfe zu bekommen. Sie sagten, sie seien dafür nicht zuständig.

Ich war durch den Schlaf, der mir nun schon seit langer Zeit nachts fehlte, in sehr schlechter Verfassung. Zwei Polizisten holten mich von zu Hause ab und fuhren mich in Krankenhaus. Ich bekam Freiheitsentzug für ca. zwei Monate.

Was ich gebraucht hätte, wäre eine Hilfe gewesen, wie ich gegen den ruhestörenden Mieter hätte vorgehen können. Statt dem Mieter über mir wurde ich bestraft und zwar durch eine Zwangskrankenhauseinweisung.

Wenn ich oder jemand anders aber dann gerechtfertigt oder ungerechtfertigt im Krankenhaus ist oder für eine Betreuung zu einem Gutachten erscheinen soll, darf man als Betroffener nicht benachteiligt werden. Jemand, der sich im Krankenhaus befindet oder gerade beim Gutachten sitzt, wird schlecht dargestellt, obwohl er schon viel in seinem Leben gemacht hat. Das was jemand schon in der Vergangenheit gekonnt hat, muss ja gefördert werden. Es kann doch jemand nicht einfach schlecht in einem Gutachten bewertet werden oder wenn er im Krankenhaus sitzt, je nach Lust und Laune der Ärzte als vollkommener Idiot abgestempelt werden. Sofort muss etwas für seine Genesung getan werden. Es müssen Übungen stattfinden, die für die bestimmte Person gut sind. Ärzte müssen davon weg kommen,

Patienten als total unfähig darzustellen. Ich spreche aus Erfahrung, da ich drei Mal einen Krankenhausaufenthalt mitgemacht habe und einige Male zu einem Gutachten kommen musste.

Was die Schulen im früheren Leben des Einzelnen falsch gemacht haben, müssen Ärzte wieder hinbiegen. Der Einzelne muss vor allem in den Bereichen, in den er gut ist, gestärkt werden. Wenn z. B. das Rechnen oder das Aufsätze schreiben, es kann ja auch nur ein Bericht über etwas Erlebtes sein, bei demjenigen Kranken, der zu behandeln ist, eine Besserung herbeiführt, so muss es dem Patienten möglich gemacht werden, dieses zu üben. Dauernd muss der Mensch an sich arbeiten, sonst wird er schwach. Der Patient muss Übungen aller Art machen – dann kommt er weiter, die Ärzte wissen es, nur ist es ihnen ziemlich egal und so muss ein Patient lange Zeit im Krankenhaus absitzen. In meinem Fall bekam ich ja zum Krankenhausaufenthalt auch zusätzlich eine Betreuung erteilt. Für diese Betreuung musste ein Gutachten vorher erstellt werden. Das Gutachten, das ich dann von meinem Rechtsanwalt zugeschickt bekommen habe, beinhaltete fürchterlichste Dinge. Als Betroffener ist man bedrückt, wenn man so etwas liest. Die harten Anschuldigungen machen einen fertig. Es muss sehr viel Zeit vergehen, bis man über das geschriebene der Gutachter hinwegkommt. Aber das ist ja von den Ärzten, die das Gutachten erstellen, so gewollt. Das erreichen sie mit den Gutachten, die so geschrieben sind, dass sie nur dem eigenen Vorteil dienen, dass der Betroffene nach dem lesen seines Gutachtens sozusagen vor Scham zusammengekauert in der Ecke sitzt.

„Glauben Sie noch an das Gute im Menschen?" – hat einmal ein Politiker in einer Talkshow gesagt. Das trifft hier auch zu. Wenn ich die vier oder fünf Gutachten sehe, die über mich geschrieben wurden, muss ich ganz klar sagen: Nein, ich glaube nicht an das Gute der Gutachter. Man kann ja deutlich erkennen, dass sich meine Betreuung über einen sehr langen Zeitraum erstreckte, gleich sieben Jahre. Und auch ich, wie alle anderen Mitmenschen auch, bin und war verbesserungsfähig. Muss ein Betroffener, nachdem eine Betreuung für den Betroffenen nichts brachte, erneut ins Krankenhaus, so müssen dem Patienten Hilfen gegeben werden, so dass der Patient seinen Krankenhausaufenthalt so angenehm wie möglich hat. Auch damit der Patient das Krankenhaus so schnell wie möglich wieder verlassen kann. Es gibt für alles ein Rezept, nur muss man es den Patienten eben sagen. Die Patienten müssen gelassener sein und genau das, was sie hindert, einen natürlichen, flüssigen Lebensablauf zu haben, muss herausgenommen werden. Oder rückblickend zu meinem ersten Krankenhausaufenthalt: Ich war als 18-jähriger Industriekaufmann mit etlichen Hobbies für ganze acht Monate in stationärer, ärztlicher Behandlung, mit späterer Halbstags-behandlung in einer Tagesklinik im selben Krankenhaus. Den anderen halben Tag hatte ich frei und war zu Hause. Das leuchtet ja jedem ein, dass das gar nicht so lange dauern darf. Die Ärzte haben so ziemlich alles verpfuscht, was sie verpfuschen konnten. Was macht der Patient in der Zukunft, das hätte ausreichen und immer wieder besprochen werden müssen. Darauf hätte hin gearbeitet werden müssen. Stattdessen saß ich für viel zu lange Zeit im Krankenhaus herum. Warum gibt ein Arzt oder Pfleger einem Patient nicht einmal in einem Gespräch eine Hilfe, wie z. B. kann man einem Patienten sagen: Kaufen Sie sich doch einmal ein gutes Deospray oder ein Parfüm, der Supermarkt so und so hat es. Das freut den Patienten. Eine andere Hilfe wäre es beispielsweise, wenn ein Patient Bedenken bei etwas hat oder vor etwas sich fürchtet, ihm zu sagen: Denken Sie einfach: Es gibt schlimmeres. Oder: Das ist keine Katastrophe. Oder, liebe Ärzte und Pfleger, sagen Sie etwas lustiges, etwas lustiges zur Situation. Oder die Patienten lassen sich von etwas ablenken oder sich ihre gute Laune versauen. Dann sagen Sie: Bleiben Sie bei dem

Guten, das Sie vorhaben. Lassen Sie sich nie von anderen stören. Bleiben Sie so gut, wie Sie können.

Kapitel 5   Der Zwangskrankenhausaufenthalt von Februar bis April 2012

Bei der Aufnahme, zu Anfang des Desasters, fragte ich einen Herrn, der sich in einem Zimmer, in das ich gehen sollte, befand, ob er Arzt sei. Er antwortete mit ja. Später stellte sich heraus, dass er nur ein Pfleger war.

Nicht verstehend, warum ich im Krankenhaus sein musste, stellte ich einer jungen Ärztin die Frage: „Welchen Grund gibt es, weswegen ich hier im Krankenhaus sein muss?" Die Ärztin antwortete dann, ich würde Selbstgespräche führen. Gesehen haben muss sie das, als ich im Außenbereich der Klinik war. Zur Gefangenschaft zählte nicht nur das Herumlaufen in einem veralteten Flur, sondern auch das Betreten eines Außenbereiches. Der kleine Platz im Freien bestand aus einem kreisförmigen Weg mit ein paar Bänken. Von da aus war kein Blick nach draußen vorhanden, da dieser Außenbereich vom Krankenhausgebäude umgeben war. Durch eine Türe gelangte man hinein ins Krankenhaus. Ein Fenster im Arztzimmer ermöglichte den Blick ins „Rundellgehege". Eine Ärztin sah dann also vom Arztzimmer aus, wie ich wie ein gefangener Bär in einem Zoogehege im Kreis herumlief. Die Beschäftigungsmöglichkeiten waren dort ziemlich eingeschränkt. Als mich die Ärztin dann ein oder zwei Mal ertappte, wie ich laut dachte, roch sie sozusagen den Braten. Sie besprach wahrscheinlich das Gesehene mit dem Oberarzt und checkte dann seine Anordnung komplett, dass das ein Grund fürs

Festhalten im Krankenhaus von Bernd Schubert ist. Nicht zu vergessen sind die Bedingungen, unter denen man im Krankenhaus festgehalten wird. Da kann man schon einmal ein bisschen unfit herüberkommen. Zum Beispiel denkt man schon einmal laut: Was für eine Scheiße, wo bin ich da gelandet. Die Krankenhausinsassen prägen einen natürlich dementsprechend.

Bei einem Krankenhausinsassen wusste ich nicht, als ich das erste Zimmer von den drei Zimmern zugewiesen bekam, ob er mir nachts nicht das Genick brechen würde. Die Ärzte wussten vielleicht auch nicht, ob dieser jüngere ziemlich hart aussehende Glatzkopf zu Gewalttätigkeiten neigt. Er wird wahrscheinlich noch keine Gewalttat begangen haben und deswegen war er nicht in dem anderen Gebäude, wo Mörder, Vergewaltiger usw. untergebracht waren. Hin und wieder war im Krankenhaus ein Arztgespräch angesagt. In mein Krankenzimmer herein kam ein Arzt, der sich Oberarzt nannte. Supercool kaute er an seinem Kaugummi, was für mich unpassend war. Er stand in meinem Zimmer und hörte meinen Ausführungen zu. Entsprechende Antworten auf meine Fragen bekam ich nicht. Sämtliche Ärzte sagten sehr wenig zu mir. Einer suspekten Ärztin, die hauptsächlich zuständig war für mich, war beim ersten Gespräch egal was ich sagte. Ich hatte den Eindruck, sie würde mich auf jeden Fall für einige Zeit einsitzen lassen. Pfleger waren dazu da, Medizin zu verabreichen, Essen zu verteilen und mit den Kranken einen Rundgang ums Krankenhausgelände zu machen. An dem Rundgang durfte man aber nur teilnehmen, wenn man schon viele Wochen abgesessen hatte. Bemüht aber, dahingehend, dass die Patienten wieder gesund werden, haben sich die Pfleger nicht. Sie haben halt ihre Arbeit gemacht. Man muss halt auch einmal mit den Patienten reden und auf sie zugehen. Das hielten die Pfleger nicht für nötig. Eine Ausnahme war vielleicht einmal, dass einer zu mir gesagt hat: „Sie haben gute Schuhe." Das gute war auch, wie ein Pfleger mir gleich zu Anfang, so erinnere ich mich, mir das Medikament brachte. Er war aufspielerisch, froh seine Macht ausüben zu können und geladen wie ein psychisch Kranker. Das war hart für mich. Nicht nur von den Pflegern dort hatte ich einen schlechten Eindruck, nein auch vom Krankenhausgebäude. Allein schon im Eingangsbereich kam ich mir vor wie in einem schlechten Film. Das komplette Krankenhaus war total veraltet. Ein Krankenhaus wie aus den 30-Jahren. Katastrophale Zustände bei den Patientenzimmern. Es waren uralte Rolläden zur Stationszimmerseite angebracht. Diese waren dazu da, dass die Ärzte schnell einen Blick, bei offenem Rollo, in die Patientenzimmer werfen konnten. Deutlicher wurden aber die schlechten Zustände bei Duschen und Telefon. Die Duschen waren so gebaut, als hätten „minderwertige Menschen" darin zu duschen. Wollte der Patient einmal telefonieren, wurde das Gespräch an einen uralten, an der Wand angebrachten, Telefonkasten weitergeleitet. Von da aus konnte dann gesprochen werden. Insgesamt sechs Wochen durfte ich in diesem Gebäude, das einem Gefängnis glich, verbringen. Bei der Einlieferung war ich etwas angeschlagen, aber schwer krank, um die Voraussetzungen für den Aufenthalt zu erfüllen, nicht. Die Polizeibeamten, die mich zum Krankenhaus fuhren, redeten während der ganzen 1-stündigen Fahrt kein Wort mit mir. Vor Antritt der Fahrt leistete ich keinen Widerstand und ging ganz ruhig zum Dienstwagen. Ich stieg bei der Ankunft ganz normal aus dem Polizeifahrzeug aus. Wie ein Verbrecher kam ich mir vor, als mich die Polizisten ins Krankenhaus begleiteten. Soviel nun zum zweiten aufgezwungenen Krankenhausaufenthalt. Was brachte mir dieser Krankenhausaufenthalt? Nichts, außer das Gefühl, nichts wert zu sein und vor den anderen als dumm zu gelten. Das wurde einem in diesem Krankenhaus vermittelt. Warum ist eine solche „Vergewaltigung" in unserem Land überhaupt erst möglich? Das weiß weder Hund noch Katz. Wie soll man nach so einem Drama zurückkehren in ein normales Leben? Es geht, aber es dauert länger als bei einer fairen Behandlung durch Ärzte und Pfleger. Ich brauchte, und das als gelernter Industrie- und Bankkaufmann, vier Jahre. Es wurde mir teilweise das Leben versaut. Vier Jahre brauchte ich in meinem freien Umfeld bis ich heute wieder normal wurde.

Wenn die Bedingungen im Krankenhaus gut sind, werden Patienten ja gleich wieder gesund – das geht doch nicht. Das sagen sich der Chefarzt und seine angestellten Ärzte. Einem Urlauber geht es in einem 5-Sterne-Hotel ja auch besser als in einer Pennerabsteige. Aber was sowieso jeder weiß, braucht eigentlich in diesem Buch gar nicht aufgeführt werden. Ein sehr guter Rock-Musiker, der Van Halen heißt, würde dazu sagen: „What is understood need not to be discussed." Als Leser werden Sie mir hierbei bestimmt zustimmen.

Zusammenfassend:

Absichtlich und zu Unrecht bin ich im Krankenhaus sitzen gelassen worden. Keine Hilfen. Nur falsche Anschuldigungen. Es wurde nicht mit mir geredet. Ärzte setzten sich nicht mit mir an einen Tisch, um sich darüber zu unterhalten, wie eine Lösung gefunden werden kann.

Herr Richter … Kein Kommentar zu meinen Ausführungen, außer: „Ja, jetzt gehens."

Frau Dr. 1: „Sie reden mit sich selbst"

„Ihr Vater hat gesagt, Sie haben Ihren Badspiegel an den Seiten mit Papier abgeklebt"

Die Seiten des Spiegels haben mir nicht gefallen und in Illertissen gibt es keine vernünftigen Badspiegel. Zum Ikea nach Ulm wollte ich zu der Zeit noch nicht.

Herr Dr. 1: Keine Gründe für Zwangskrankenhausaufenthalt gegeben.

Frau Dr. 2 : Keine Gründe für Zwangskrankenhausaufenthalt gegeben.

Herr Prof. Dr. 1 (Chefarzt) : Brief nicht beantwortet bekommen.

Fazit: Es war die reinste Menschenquälerei.

Kapitel 6   Leben und Aushalten für vier Jahre in der kleinen Stadt

Kapitel 6 a   Kontrolle durch Polizisten und Verhaltensweisen von den Leuten in dem kleinen Städtchen, in dem ich wohnte

Der Drogeriemarkt Müller ruft den Notruf bei der Polizei, weil ich etwa bei Höhe Illertisser Bank den Arbeitern auf der gegenüberliegenden Baustelle zugeschaut hatte. Etwas lange, das gebe ich zu – etwa eine halbe Stunde. Ich hatte eine teure dunkelbraune Lederjacke an, was auf die Leute aus dem kleinen Städchen, in dem ich auch wohnte, erregend wirkte. Erregend wirkte in dem Sinne, dass Einige neidisch auf so eine Jacke waren, aber auch „erregend", da nicht nur ein Firmenchef so eine Jacke tragen könnte, sondern auch ein Verbrecherchef. Bestimmte Leute dort waren ganz heiß darauf, mich verknacken zu dürfen. Es kam also dazu, dass eine Mitarbeiterin vom Drogeriemarkt Müller, der etwa 25 Meter entfernt von mir war, herausschaute und mich ansah. Sie entschied sich, die Polizei zu rufen, obwohl ich nur so dastand und dabei wählte sie den POLIZEI-NOTRUF. Etwa nach zehn Minuten kam dann die Illertisser Polizei mit einem Polizei-Bus aggressiv vorgefahren. Die Polizisten stiegen zügig aus ihrem Fahrzeug aus und gingen, die Unfreundlichkeit im Gesicht, auf mich zu. Der ältere Polizist frage mich: „Was machen Sie da?" Ich entgegnete ihm: „Ich schau der Baustelle zu." Der zweite, jüngere Polizist war etwas verwundert und sagte erst mal nichts. Erneut mochte mir der ältere von den beiden Polizisten folgendes mitteilen: „Man hat vom Drogeriemarkt Müller aus den Polizei-Notruf gewählt." Ich sagte darauf zu ihm: „Gut, gehen wir in den Drogeriemarkt Müller und klären dies." Daraufhin entgegnete mir der unfreundlichere Polizist patzig: „Nein. Sonst nehmen wir Sie mit." Die beiden Polizisten schauten mich noch ein wenig an, verabschiedeten sich von mir, stiegen in den Polizeiwagen und fuhren davon.

Ein Supermarkt in der kleinen Stadt:

Eines Tages, als ich mal wieder beim Einkaufen war, musste ich eine verblüffende Erfahrung machen, was die Einwohner der Stadt … betrifft. Ich befand mich bei einem Supermarkt in … an der Kasse. Ich kaufte gerne bei diesem Supermarkt ein, da er hin und wieder ganz gute Angebote hatte. Also, befindend beim Zahlen an der Kasse fuhr eine böse dreinblickende sehr dicke, junge Türkin mit ihrem Einkaufswagen rücksichtslos auf mich drauf. Sie tat mir an der Hand damit weh und auch seitlich an meiner Hüfte rempelte sie mich mit ihrem Einkaufswagen an. Ich fragte sie empört: „Was soll das?" Sie antwortete: „Machen Sie mal schneller." Ich sah die Kassiererin an. Sie stammte ebenfalls aus der Türkei. Sehr unfreundlich sah sie mich an. Ich hatte mir nichts zu Schulden kommen lassen. Es stimmte auch nicht, dass ich auffallend langsam die Waren aufs Fließband legte. Um dann folgte noch die Krönung dieser schlechten Erfahrung, die ich da machte. Eine alte Frau, die in der Reihe an vierter Stelle stand, rief einmischend noch, in einem sehr unfreundlichen Ton, vor zu mir: „Was soll das, jetzt machen Sie mal schneller." Ich beeilte mich jedes Mal, wenn ich am Supermarkt an einer Kasse stand, so auch an diesem Tag. Ich bezahlte meine eingekauften Waren bei der unfreundlichen Kassiererin und ging ziemlich traurig nach Hause. Zu Hause angekommen dachte ich nochmal über das Geschehene nach. Es dauerte nicht lang bis mir klar wurde, dass ich mich bei so etwas beim Supermarkt-Chef beschweren kann. Das tat ich, und zwar schriftlich per E-Mail. Ausführlich beschrieb ich, dass gerade zur Weihnachtszeit die Angestellten dieses Supermarktes nicht so unfreundlich sein brauchen. Die Frage war ja, wieso die türkische Kassiererin zu mir so unfreundlich war und zu der bösen jungen Türkin hinter mir so nett. Dazu kam, dass Sie die Türkin hinter mir wahrscheinlich kannte. Es handelte sich bestimmt um eine Stammkundin, weil ich diese junge unfreundliche Supermarkt-Kundin auch später noch vor diesem Supermarkt herumlaufen sah. Meine E-Mail an die Marktleitung vom dem Supermarkt in … war von Erfolg gekrönt. Mir wurde per E-Mail zur Antwort gegeben, ich könne mir bei der Chefin des Supermarkts eine Entschuldigung abholen sowie eine Praline-Packung Merci.

Polizei Mindelheim:

Ich suchte wieder einmal, auch dieses Mal vergeblich, nach einer Wohnung. Mir kam in den Sinn, dass ich es ja einmal in Mindelheim probieren könnte, eine kleine Stadt, etwa 50 km entfernt von der Stadt, in der ich wohnte. Ich begab mich in ein Café und entdeckte eine Tageszeitung auf einem Tisch. Ich nahm mir die Zeitung und las sie mir durch. Plötzlich stieß ich auf zwei, drei Wohnungsinserate mit Telefonnummer. Ich rief dort an und bekam jeweils eine Absage. Als ich dann abends, als es schon dunkel war, noch etwas Bewegung brauchte, ich aber auch ein wenig aus der Kleinstadt heraus laufen wollte, schlug ich den Weg zu einer großen Landstraße ein. Ein Fußweg war auf dieser Straße nicht vorhanden. Ich spazierte die Straße entlang und setzte, als mich die Autos mit ihrem grellen Licht blendeten, meine Sonnenbrille auf. So nach dem Motto: „I wear my sunglasses at night." (so hieß ein guter Song aus den 80ern). Einem Autofahrer kam das mit der Sonnenbrille komisch vor und hat daraufhin die Polizei gerufen. Die Polizei entdeckte mich, als ich schon wieder auf dem Rückweg nach Mindelheim war, und fuhr mich zum Bahnhof. Die Polizisten fragten mich im Polizeikombi noch, ob ich ein Nachtsichtgerät hätte. Ich zeigte auf Verlangen meine Sonnenbrille vor. Der eine Polizist sagte zu mir: „Ach so ist das, die Leute behaupteten, Sie hätte ein Nachtsichtgerät auf." Ich gebe zu, ich hatte da eine ziemlich coole Sonnenbrille. Der Polizeieinsatz, den ich verursachte, war keine große Sache. Wobei ich sagen muss, ein bisschen blöd kam ich mir schon vor.

Als ich ein paar Jahre später den Polizeichef von … durch Zufall in dem kleinen Städtchen, in dem ich wohnte, mit dem Taxi zu einer Kneipe fuhr, bot mir der Polizeichef von … im Gespräch das „Du" an. Wahrscheinlich deshalb tat er das, weil er mit meinem Vater früher bei der Polizei in der Stadt, in der ich jetzt wieder wohne, zusammen gearbeitet hatte. Ich fragte ihn, ob es schon Gründe gab für eine Zwangskrankenhauseinweisung. Er sagte daraufhin übermäßig selbstsicher zu mir: „Genügend." Da war ich anderer Meinung. Er sagte im Taxi noch dazu, dass es nicht so leicht für ihn war, einen „wegzutun".

Einer der möglichen Gründe, warum die Polizei und das Gericht dann hart gegen mich vorgegangen ist, war vielleicht ein weiteres Überprüfen durch die Polizei. Sie wollte feststellen, ob ich mich ausweisen konnte, wie auch bei den vorigen Malen, bei denen ich Überprüft wurde. Und dann wollte sie wissen, was ich da mache. Ein „Witz", denn ich lief gerade mit zwei Einkaufstüten von einem Supermarkt nach Hause. Ich bin ein friedlicher Mensch, also was hätte ich verbrochen haben sollen? Einer der beiden Polizisten, die mich an diesem Tag anhielten, sagte dann entschuldigender Weise zu mir: „Ich weiß auch nicht, was die Leute haben." Dieser jüngere Polizist war auch schon bei dem letzten Check dabei, bei dem ja selbstverständlich auch nichts herauskam.

Was mich sehr wunderte, auch jetzt im Nachhinein – jetzt wohne ich ja in Memmingen, ist, warum die Leute in ... mich nicht mit dem Namen ansprachen. Ich war drei Mal in der Woche beim gleichen Metzgerei-Imbiss beim Essen, etwa drei Jahre lang und ich musste feststellen, dass die Angestellten in diesem Stadt-Imbiss sehr unpersönlich waren. Irgendwann hätte man mich ja etwas fragen können und meinen Namen zu mir sagen können.
Im Vergleich zu Memmingen ist ... halt aber nur ein kleines Bauern-Dörfchen. So ist es nun mal. Das schöne Schloss von den Vöhlins reißt es gerade noch raus.

Eine vierte Polizeikontrolle gab es dann auch noch. Nachdem ich mir in Kempten, eine größere nahe gelegene Stadt, eine wunderschöne Wohnung mit Marmorfließen, ganz neu renoviert, angeschaut hatte, kam es zu Folgendem. Soviel vorweg, ich hatte keine Chance, die Wohnung zu bekommen, da zu viele Interessenten vorhanden waren und ich trat die Heimfahrt an. Ich musste damals mit dem Zug fahren, da ich noch kein eigenes Auto besaß. Ich stieg in den Zug ein und da sah ich schon, dass nach mir noch Polizeibeamte zustiegen. Der Zug fuhr ungefähr fünf Minuten, dann betraten zwei Polizisten mein Zugabteil. Sie fackelten nicht lange, und ohne beispielsweise übers Wetter zu reden oder mir nach der Kontrolle einen schönen Tag zu wünschen, machten sie ihre Arbeit. Sie kamen sozusagen gleich auf den Punkt und sagten: „IHREN Ausweis bitte." Ich hatte eigentlich bis dahin einen angenehmen Tag, ich hatte mir gerade eine Wohnung angeschaut und ich hatte gute Laune, nachdem ich dabei war, Kempten mit dem Zug zu verlassen. Einer der Polizisten setzte sich mit der Zentrale in Verbindung. Die beiden Polizisten warteten eine Weile ab, um dann zu erfahren, ob die Zentrale etwas Negatives über mich wusste – Fehlanzeige. Sie gaben mir, ohne sich für die Unannehmlichkeiten zu entschuldigen, meinen Ausweis zurück und verließen das Zugabteil.

Somit wurde ich das vierte Mal innerhalb kürzester Zeit von der Polizei kontrolliert. Irgendwann muss es doch einmal genug sein, dachte ich mir. Über die Krankenhausärzte, mit denen ich zu tun hatte, würde ich sagen: „Was für ein Pfusch." Bei den Polizeiaktionen der Polizeibeamten fällt mir aber eigentlich nichts mehr ein. Man fühlt sich ja dabei belästigt. Innerhalb eines kurzen Zeitraums waren es vier scharfe Kontrollen.

Es geht mich ja eigentlich an und für sich nichts an, wie die Polizei ihre Arbeit macht. Was mir da einfällt, es muss doch im

Polizeicomputer gespeichert sein, wieviel Kontrollen bereits bei einer bestimmten Person stattgefunden haben. Und ein Foto hat der Polizeicomputer ja auch von jedem Bundesbürger. Das Personalausweisbild nämlich. Dieses kann doch in der heutigen Zeit von der Polizeizentrale an die Polizisten im Polizeieinsatz übermittelt werden. Warum also sinnloses Kontrollieren, wenn einige Kontrollen bereits durchgeführt wurden. Das wird mir ein Rätsel bleiben.

Ich erzählte meinem Cousin von den Polizeieinsätzen. Zu dem Polizeieinsatz gegenüber von der Baustelle, bei der ich einfach nur zuschaute, beim Drogeriemarkt Müller sagte mein Cousin dann: Beim Drogeriemarkt Müller, das ist ja der Abschuss, Polizei-Notruf. Haben die wegen Dir immer die Polizei angerufen. Er konnte es gar nicht glauben.

Ein früherer Arbeitskollege sagte einmal am Lehrlingstisch:
I bin zwar a Bauer, aber i verhalt mi it so. (Er kam von einem Dorf.)
Das soll heißen, dass es in Dörfern und kleinen Städtchen Leute gibt, die rüpelhaft miteinander umgehen. Ein gesundes, soziales Miteinander können und wollen einige dieser Personen nicht. Gehen unsere Bundesbürger in Betrieben rücksichtslos miteinander um, spricht man auch davon, dass die höher positionierten Angestellten die jungen, noch nicht so schlauen Mitarbeiter nicht hochkommen lassen.

Kapitel 6 b   Zähes Dasein und Auszug aus der Wohnung von
                der kleinen Stadt

Bei meinem vierjährigen zähem Dasein in … konnte ich mich mit
haufenweise unangenehmen Dingen herumschlagen. Einmal
wollte mich jemand mit etwas anschwärzen. Ich kann bis heute
nicht sagen, woher das kam, sprich, wer das war. Für eine junge
Ärztin war dies ein Grund, mich im Krankenhaus lange Zeit
einzusperren. Man sagt dazu: Falscher Verdacht und somit
falsches Urteil. Erst nach meinem Krankenhausaufenthalt, den ich
wahrscheinlich nur deswegen über mich ergehen lassen musste,
sprach mein Vater, der der Ex-Kollege vom Polizeichef … war,
darauf an. Zum Verständnis: Früher arbeiteten beide zusammen in
Memmingen. Zufällig begegneten sie sich vor einer Wirtschaft in
Memmingen. Sie sprachen über einiges, sie sahen sich eine Weile
nicht. Mein Vater fragte nebenbei, ob ich, also sein Sohn, etwas
mit der Sache, wobei mich irgendjemand anschwärzen wollte, zu
tun gehabt hatte. Daraufhin bekam mein Vater zur Antwort: Nein,
das war der gar nicht.

Ein falscher Verdacht von der Polizei, wegen was auch immer,
bedrückt einen für lange Zeit. Man zieht so etwas ewig mit sich
herum. Es geht einem sehr dreckig dabei.

Bei meinem Umzug von … nach Memmingen hat mir mein
Cousin den Tipp gegeben, dass mir bei meinem Umzug nach
Memmingen ein Bekannter von ihm und sein Kumpel helfen
könnten. Das war mir eine große Hilfe, denn so zahlte ich für den
Umzug, er dauerte einen halben Tag, nur 500,- €. Die
Umzugshelfer waren so fit, dass sie schon einmal einen 200 kg –
Tresor aus dem 6. Stock herunter getragen hatten. Sie trugen alles
mir Leichtigkeit. Mein Vermieter in …, ein Mathematik-Lehrer,
der eigentlich sehr nett war, musste leider an der Sauberkeit

meines Bades bei den Umzugsaktivitäten noch etwas aussetzen. Zum Glück hatte ich meinen Vater, der ein Antischimmelspray besaß und dem Bad noch den letzten Schliff gab. Ich und mein Vater mussten zudem noch Löcher an der Wand zugipsen, die gar nicht von mir stammten, aber auch das taten wir. Mein Vater ist immer sehr großzügig, wenn es um Arbeiten an einer Mietwohnung geht.

Ich habe die Zeit in … überstanden und wie sagt man in Bayern? Ein Guter hält´s aus, ein Schlechter ist wohl weg.

Ich bekam einen Betreuer erneut erteilt, direkt nachdem der Zwangskrankenhausaufenthalt beendet war. Als Betreuer wählte ich den gleichen Betreuer, den ich schon einmal hatte, weil ich ihn kannte. Das machte ich, indem ich beim Richter beim entsprechenden Amtsgericht anrief und ihm erklärte, dass ich den Betreuer haben möchte, den ich schon einmal hatte. Der Richter gab mir dann zur Antwort am Telefon: Ah, Sie haben schon einmal eine Betreuung gehabt. Ach Gottchen.

Kapitel 7   Das Leben als junger, fitter Mensch in der Rente

Während meiner immer noch anhaltenden, geringfügigen Beschäftigung als leidenschaftlicher Taxifahrer möchte ich über folgendes berichten.

Ist das eine Niederlage, wenn ich nach drei Ausbildungen jetzt in der Rente bin? Nein. Das ewige hin und her um Positionen beim Arbeitsplatz unter Kollegen. Sicher habe ich ein gewisses Ziel vor Augen gehabt. Das war zum Beispiel, eine Arbeitsstelle mit netten Kollegen zu haben zu haben. Auch ein ausreichendes Einkommen wollte ich einmal haben, um eine Familie ernähren zu können. Da ich aber weder Freunde am Arbeitsplatz, noch ein gutes Einkommen hatte, ist auch nie eine Frau bei mir geblieben. Einer Frau muss man schon etwas bieten können.

Da fällt mir ein, ich habe gestern Nacht mit dem Taxi wieder einmal eine hübsche junge Frau nach Hause gefahren. Sie erzählte mir bei der Fahrt, dass sie Lehrerin sei. Das heißt, sie studiert das gerade. Sie wird einmal Krankenschwestern Berufsschulunterricht geben. Nebenbei arbeitet Sie noch im Krankenhaus um sich etwas für ihr Leben verdienen zu können. Beim Gespräch sagten wir Du zueinander. Wir redeten noch ein bisschen über mich. Ich sagte ihr, dass ich eigentlich Bankkaufmann sei. Sie sagte, das verblüfft sie immer, wenn Taxifahrer zu ihr sagen was sie vorher beruflich schon alles gemacht haben.
Ich erzählte ihr noch, was man als Taxifahrer alles können muss, sie wollte es wissen. Da das aber im Grunde nicht sehr viel. Und ich sagte ihr nicht, dass ich außerdem noch gelernter Industriekaufmann bin und zwei Jahre selbstständiger Taxiunternehmer, und dass ich gerade an einem Buch schreibe. So versuchte sie nicht, etwas aus der Situation zu machen. Im

Gegenteil. Sie fing dann plötzlich an, mich mit „Sie" anzureden. Ich weiß nicht, ob sie mir geglaubt hätte, wenn ich ihr gesagt hätte, was ich beruflich schon alles gemacht habe oder dass ich eine Autobiografie über meinen Fahrservice herausgebracht habe. Der Kernpunkt, warum ich das nicht zu ihr gesagt habe, ist, dass nicht jede Frau etwas damit anfangen kann. Instinktiv wusste ich: Das bringt nichts, da weiter zu machen. Ich hatte die Frau ein wenig durchschaut. Ich dachte, dass das eine von den Frauen war, die ab und zu mal ein Rendezvous mit verschieden Männern haben möchten und dafür war ich nicht der Richtige. Ich will etwas Festes.

Ich fuhr auch noch ein paar Leute von einer Diskothek in eine andere. Diese waren sehr lustig. Neben mir stieg eine gutaussehende junge Dame ein. Zwei nahmen hinten im Taxi Platz. Wir fuhren eine Weile, dann fragte die Frau neben mir ihre Freunde: Wie machen wir es mit dem Bezahlen. Darauf sagte der „Typ" hinter ihr: Holsch einfach n Mops raus, dann passt des schon. Da wär der Taxifahrer sicher auch damit einverstanden, sagte er. Die Dame neben mir lachte und ich sagte: Ja okay das machen wir. Der „Typ" hinten im Taxi hatte noch andere Witze auf Lager. Die lustigen Fahrgäste unterhielten sich zum Beispiel noch darüber, was eine Bekannte von ihnen beruflich so macht. Der junge Mann, hinten im Taxi, warf ein: Die schüttelt Pommes beim McDonalds. Alles lachte. Als die gut aufgelegten Leute ausstiegen, sagte die Dame neben mir noch zu mir: Das Taxi kenn ich gar nicht. Du bist super, sagte sie außerdem. Dann nahm Sie noch eine Karte mit.

Interessant für mich war ein Taxifahrgast, den ich von einer Table-Dance-Bar abholte. Er erzählte mir von seinen Urlauben in Thailand. Ganz allein schlägt er sich da in Thailand durch. Um dorthin zu kommen bucht er nur den Flug ohne Hotel. Er hat nur einen Rucksack dabei. Ganz überrascht war ich, als er mir erzählte, was die Busfahrten in Thailand kosten. Beispielsweise zahlt er, nachdem er in Bangkok gelandet war, für eine Busfahrt an die Südküste nur 24,00 €. Oder, sagte er, er bucht Inlandflüge, die seien auch sehr billig.

Ich hätte dem Taxifahrgast jetzt fragen können, ob er mit mir seinen nächsten Thailand-Urlaub macht. Vielleicht hätte er nichts dagegen gehabt, wenn ich mit ihm den nächsten Urlaub gebucht hätte. Aber ich wollte zur der Zeit nicht in den Urlaub, also sagte ich diesbezüglich nichts zu ihm.

Meine Tätigkeit als Taxifahrer brauche ich. Diese Arbeit lädt mich auf. Ich bin dann wieder auf 100 % meines Wohlbefindens. Was einen auch auflädt, ist die Liebe. Ich hätte es einmal fast geschafft, mit einer gutaussehenden, reichen, jungen Dame zusammen zu kommen, aber es sollte nicht sein. Beim nach Hause fahren mit dem Taxi, wir hatten eine weite Fahrt vor uns, unterhielten wir uns prächtig. Es fehlte eigentlich nur noch gute Musik im Auto, dann hätte es zwischen der Dame und mir gefunkt. Sie sagte zu mir: Hasch keine gute Musik im Auto? Die ganze Zeit kam nur Musik im Radio, bei der man schlechte Laune bekam. Eine gute CD hatte ich nicht dabei. Als sie dann bei der Ankunft zahlte, gab sie mir keine Gelegenheit noch etwas zu ihr zu sagen. Ich dagegen, hatte dann auch keine Lust, sie nach ihrer Nummer zu fragen oder ähnliches. Und so kamen wir nicht zusammen. Was ich so im Gespräch über sie herausfand, erzählte ich der Freundin meines Kumpels. Sie wohnte früher in dem Ort, in dem die nette Dame wohnte, die ich nach Hause gefahren habe und die ich leider nie mehr gesehen habe. Die Freundin meines Kumpels erklärte mir dann: Das ist eine Verwandte eines steinreichen Joghurt-Herstellers. Ihre Eltern haben eine größere Firma. Warum habe ich nicht mehr daraus gemacht, als der

„Jackpot" neben mir im Taxi saß? Und hübsch war sie dazu noch. Rudi Carrell würde sagen: „Das wär Ihr Preis gewesen". Mir fällt das gerade ein. Er sagte das immer bei seiner Fernsehshow, die schon weit zurück liegt.

Wenn es einfach mit der Suche nach einer Freundin nicht so geht, wie man es gerne möchte, und es Tage gibt an denen man auch einmal allein ist, braucht man die Flinte nicht ins Korn werfen. Mir selbst geht es ab und an so, dass ich einen Kumpel oder Cousin anrufe und mit ihm etwas machen möchte, ich bekomme aber zur Antwort von ihnen, dass sie heute etwas anderes machen. Das ist gut. Dann weiß ich: In der Zeit, in der die anderen oder der andere keine Zeit hat, mache ICH etwas Besseres. Und: Ich tue etwas für mich. Einen guten Spruch finde ich auch: Jetzt macht jeder mal was für sich. Man muss schließlich nicht dauernd von den anderen abhängig sein.

Das Befassen mit dem Bundesverfassungsgericht:

Jemand, der zu betreuen ist, ist geschäftsunfähig. Das heißt, er steht vor allen, mit denen er zu tun hat als unfähig da, ein Geschäft zu führen. Das tat sehr weh. Als ich in ... wohnte, ein kleines Städtchen mit 16.000 Einwohnern, setzte ich mich mit dem Bundesverfassungsgericht in Verbindung. Ich wollte ungeahnte, neue Möglichkeiten in das laufende Verfahren mit einbringen. Diese Möglichkeiten sollten dazu dienen mein Recht zu vertreten und meine Beweise, die ich in dem Fall hatte und von denen ich felsenfest überzeugt war, dass sie ausreichend waren, in der richtigen Art und Weise vorzubringen.
Ich wohnte zur Zeit des Betreuungsverfahrens vier Jahre in ... und ich sammelte viel Erfahrung in dieser Zeit. Ständig lernte ich für mein Leben dazu. Leider hielten mich einige Leute in der kleinen Stadt aus irgendwelchen unbegründeten Vorurteilen für

einen Schwachmaten, vielleicht weil ich mit 34 Jahren aus ihrer Sicht noch nicht auf ihrer Stufe war. Und leider gab es in dem Ort zu viel von den Leuten, die einem nie etwas erzählen würden, oder überhaupt erst auf einen zugehen würden. In der damals zugrunde liegenden, schweren Zeit ließ ich mich dann dazu hinreißen, dem Bundesverfassungsgericht noch andere, unangenehme Vorfälle aus meinem Leben bekannt zu geben. Heute kann ich beurteilen, dass das ein wenig zu viel für das Gericht war. Wahrscheinlich kam es deshalb zu keiner stichfesten Stellungnahme oder einer Hilfestellung. Aber am 20.07.15 kontaktierte ich auf schriftlichem Wege das Bundesverfassungsgericht und übersandte bei dem Schriftverkehr auch mein erstes Buch „Fahrservice Schubert", bei dem es unter anderem um die Vorgänge in meinen Verfahren geht. Außerdem erhielt dieses Jahr ein Rechtspfleger vom BVG auch den Entwurf DIESES Buches. Eine völlig unverfängliche Sache, da es ja um Bücher geht und um mich, einen Schriftsteller. Nach der Betreuung, sie endete dieses Jahr, gibt es eigentlich keine Tiefen mehr. Es geht bergauf. Ich habe seit einem halben Jahr immer wieder einmal in meinem Leben etwas geändert, was mir in der Betreuungszeit nicht gelungen ist. Ich konnte nicht über meine Geschäfte entscheiden und das schlug sich wahrscheinlich auf mein gesamtes Leben nieder.

Auch wenn ich als junger Mensch in der besten Zeit meines Lebens mühsam gegen ein Betreuungsverfahren kämpfte und eine Betreuung für mich für falsch hielt, so kann ich doch eine Betreuung für den ein oder anderen empfehlen. Sie kann in einer katastrophalen Situation Schlimmeres verhindern.

Kapitel 8   Der Wahnsinn in unserer Gesellschaft

Damit junge Leute mit 18 von zu Hause ausziehen können und ihr eigenes Leben leben können, müssen wir Wohnblöcke bauen lassen. Und die Wohnungen in diesen Wohnblöcken sollten bezahlbar sein und dicke Wände haben. Dazu müssen wir aber günstiges, hochwertiges Baumaterial, um dicke Wände bauen zu können, finden. Wenn man in seiner Wohnung Ruhe braucht, möchte man schließlich nicht seine Nachbarn hören müssen. Wohnbaugesellschaften haben eine hohe Verantwortung ihren Mietern gegenüber, dass die Mieter mit ihren Wohnungen zufrieden sind und dass die Wohnungen für die Mieter auch bewohnbar sind. Hat man kein gutes zu Hause, bricht nicht nur im privaten Bereich, Freunde usw., alles weg, nein auch beruflich. Hat man zum Beispiel nachts keine Ruhe, bringt man bei der Arbeit keine gute Leistung. Ich spreche aus Erfahrung. Man kann dann im schlimmsten Fall seine Arbeit kündigen. Das hat dann wieder den Nachteil, dass man arbeitslos ist und den Anschluss die Gesellschafts-Pipeline verliert. Es beginnt ein Teufelskreislauf, der dann kein Ende mehr finden will.

Wie wollen wir es gut haben in Deutschland, wenn wir nicht gute Komponisten fördern und damit die schlechte Musik im Radio verringern. Fernsehsender brauchen dringend wieder gute Musiksender, so wie das gute alte VIVA und MTV, aber so wie es früher war. Natürlich benötigt ein gutes Fernsehen nicht nur Musiksender, die die Zuschauer zufriedenstellen. Sämtliche Sender müssen überarbeitet werden und Leute, die im TV nur Schwachsinn verbreiten wollen, gehören eher ins Gefängnis als ins Fernsehen. Ein weiteres Medium, das Internet, gehört gründlich von sinnlosen Beiträgen und Seiten gesäubert.

Aber wer macht was? Erst einmal müssen Menschen regieren, die eine klare Vorstellung haben und Deutschland auch weiterbringen. Mein Vater sagte einmal zu meiner Überraschung zu mir als er noch für die Exekutive des Staates arbeitete und zwar als Polizist: „Ein bisschen Kriminalität brauchen wir ja." Wir brauchen überhaupt keine Kriminalität. Lieber haben doch Polizeibeamte nichts zu tun und wir haben ein friedliches Heimatland. Spaßmacher haben zu dem Thema einmal einen guten Film gedreht. Bei dem hatten die Polizisten einer Kleinstadt einfach keine Arbeit und so taten sie notgedrungener Weise etwas gegen den Arbeitsmangel. Sie sprengten irgendeine Hütte in die Luft oder sorgten für Action in der kleinen Stadt. Ein schwedischer oder dänischer Film. Lustig war der Film schon.

Wenn ich ein Gebäude bauen lasse, müssen Erträge die Kosten des Baus wieder zurückführen. Erträge werden beim Bau eines Gefängnisses durch Steuereinnahmen erzielt. Diese werden dann für die Baukosten dieses Gebäudes sowie für staatliche Subventionen für ein Gefängnis verwendet. Die Verpflegung der Gefängnisinsassen wird ebenfalls vom Staat übernommen. Staatsgelder häuft sich der Staat an durch Steuereinnahmen, sämtliche Gebühren aller Art, die der Staat verlangen darf und Geldstrafen, die für kleinere und größere Straftaten kassiert werden. Beim Bau eines Mietshauses oder eines großen Wohnblocks sind die Mieteinnahmen entscheidend. Ein Städtischer Wohnungsbau erzielt aber nicht nur von den Mietern die Miete, sondern er erhält auch Zuschüsse der Stadt, wenn es sich um einen sozialen Wohnungsbau handelt. Das dürfte in den Städten überwiegend der Fall sein. Der Bau eines Schwimmbades wird durch später hereinkommende Eintrittsgelder finanziert. Das Schwimmbad, zu dem ich oft zum Schwimmen gegangen bin, wurde von der Stadt erbaut und gehörte der Stadt, nach circa zwanzig Jahren übernahm das Bad aber dann ein Privatmann. Die Folge war, dass die Eintrittspreise stiegen. Die Höhe des Eintrittsgelds war nicht mehr angemessen.

Hat der Staat und haben die Städte nun Geld für künftige Bauvorhaben?
Ja, es gibt ja genug Firmen in Deutschland die mit ihren Steuern den Staat bereichern. Der Stadt aus der ich herkomme geht es gut. Große Firmen haben sich dort angesiedelt. Firmen, die sogar dafür sorgen konnten, dass ein Regionalflughafen in Memmingen gebaut wurde.

Kathedrale. Wir sind alle Sünder, und wenn wir zur Beichte gehen ist wieder alles in Ordnung. Dann kann man ja jeden Tag neben der Kappe sein und es ist egal, es wird einem durch den Pfarrer wieder vergeben. Man kann doch anständig leben, dann kann man das mit der Beichte umgehen. Aber nun zum Bau einer Kathedrale. Der Mensch braucht einen Glauben, der Glaube macht viel. Und am Wohlsten fühlen sich die Bürger einer Stadt, wenn ein gigantisches Bauwerk, das den Glauben der Menschen zum Ausdruck bringt, in den Himmel ragt. Gegen Kirchenmusik oder klassische Musik ist ja nichts einzuwenden. Im Gegenteil, sie beruhigt und hört sich gut an. Schaltet man aber hin und wieder das Radio ein, so wird man geschlagen mit schlechter Musik. Der Fröhlichste wird bei zuhören vom Radio voll depressiv. Mit ständigen Werbeeinspielungen werden die Hörer zugemüllt. Gerade für mich als Taxifahrer ist es wichtig, dass den ganzen Tag akzeptable Musik im Radio gespielt wird, sonst hält man Die Wartezeiten am Bahnhof gar nicht aus. Da das mit der schlechten Musik bei den Radiosendern schon Jahre der Fall ist, habe ich mir vor einigen Jahren gute Musik-CD´s gekauft, die sogar bei den Taxifahrgästen gut ankommen. Warum werden gute Komponisten und Musikproduzenten, die Talent haben, nicht gefördert? Ständig muss man sich zweitklassige Musik im Radio anhören. Ich höre mir lieber einmal einige Oldies an, als die neue Musik, die das Radio so bringt. Und was ist mit den Musiksendern im Fernsehen? Wenn ich nicht für die verschlüsselten Sendern zahle, habe ich nur einen Musiksender, der gar kein richtiger Musiksender ist. Er werden ständig andere Sachen ausgestrahlt, nicht aber die Musik. Von den anderen Fernsehsendern ganz zu schweigen. Wann kam zum letzten Mal ein guter, spannender Film? Aber eigentlich egal, ob er nun spannend ist. Ein Westernklassiker oder eine lustige Komödie täte es ja auch. Es kommt rein gar nichts in den Fernsehsendern.

Wir leben ja in einer fantastischen Welt in der es alles gibt, aber wir machen eigentlich nichts daraus. Dokumentationssendungen gibt es in einer riesigen Auswahl, aber ausgestrahlt wird nur immer das Minimale. Dokumentationen über andere Länder, fremde Inseln – all das wird so gut wie nicht gezeigt. Stattdessen laufen im TV Komödien, die wirklich nicht lustig sind und Serien, die einfach nur langweilig sind. Für was kauft man sich eigentlich einen guten Fernseher, wenn man dann bei dem Programm gar nicht fernsehschauen kann. Oder, um es deutlich zu sagen, wenn nur Dreck ausgestrahlt wird. Themen, Dinge, mit denen niemand etwas anfangen kann. Viele von uns fragen sich doch, warum im TV nichts Gutes gesendet wird. Beim Bezahlfernsehen kommt ja auch nichts, wobei man gut unterhalten ist. Da muss es einem ja schlecht gehen. Es wird in allen Sendern nur Blödelfernsehen gezeigt.

Wie soll man mit Blödelfernsehen einen klaren Gedanken fassen können und seine Freizeit angenehm gestalten können? Es ist kaum möglich. So gesehen kann man auch keine guten Leistungen bei der Arbeit bringen. Gerade so, dass es für die Bank noch gut war, arbeitete ich am Bankschalter und in der

Kasse. Ich gab alles. Aber ich erntete nur Undank dafür. So kam eines Tages der Personalchef, im Auftrag des Bankvorstandes, mit einer Kündigung auf mich zu. Den Bankvorstand habe ich zu Beginn des Arbeitsverhältnisses noch mit der Hand begrüßt und außerdem habe ich damals zu ihm gesagt, woher ich komme, also von welcher hinzufusionierten Zweigstelle. Ich war nett zum Vorstand, aber statt ein gutes, harmonisches Arbeitsverhältnis vorzufinden, ließ mich der Chef schon nach einem halben Jahr in der Großbank, zur Zeit der Fusionswelle, kündigen. Ich ging in die Chefetage und nachdem ich einen Termin von der Chefsekretärin für ein Gespräch mit dem Vorstand erhalten hatte, sprach ich mit dem Chef, für den ich nur eine Nummer war. „Sie leben nicht in der Realität." Sagte er. Er schmiss mir den Satz einfach so an den Kopf, mit der Hoffnung, dass ich bald eine Fliege machte. Dieser Vorstand hat mich während der ganzen Zeit in der ich in der Bank angestellt war, nicht beachtet. Von einer für mich wichtigen Wertpapierschulung wurde ich ausgeschlossen. Das heftigste von meinen Vorgesetzten in der Bank war aber, dass sie mich in meiner Lehre als Bankkaufmann, den ich an der Abendschule nachmachte, während der Abschlussprüfungen kündigten. Ich hatte gerade eine Prüfung hinter mir, dann bekam ich, ich war gar nicht gefasst auf so etwas, die Kündigung und im Anschluss daran sollte ich noch zwei Prüfungen schreiben. Ich empfand das Vorgehen gegen mich von der Bank so „gut", das war nicht mehr zu toppen. Geradezu „einfühlsam und rücksichtsvoll" war das von diesem Arbeitgeber. :o(
Die Bank sollte eigentlich einen Oskar bekommen, für eine Aktion wie diese. Aber nun zu dem, war ich dem entgegensetzen konnte. Ich erzählte meinem Vater von der Kündigung. Er konnte mir nur das eine sagen und das war: „Jetzt gehst Du zum Chef." Die Bank hatte zwei Vorstände. Der Eine sagte zu mir: Sie leben nicht in der Realität. – als ich ihn fragte, wie es zu meiner

Kündigung kam. Er räumte mir aber ein, dass ich noch mit dem anderen Vorstand reden könnte. Dies tat ich. Beim Gespräch mit dem zweiten Vorstand erreichte ich, dass ich in einer anderen Bank weitermachen dürfte. Ich meldete mich beim Chef der anderen Bank, eine kleine Bauernbank, schriftlich, und bekam vom Vorstand eine Stelle in der ich zur Zeit der Jahrtausendwende für ein Jahr weiter Schalterangestellter sein sollte. Heute bereue ich, dass ich jemals bei dieser Bank, bei der der Misthaufen gleiche neben der Bank war. Beim Lüften stank es höllisch nach Kuhmist in der Schalterhalle. Die Angestellten der Bank waren zudem dementsprechend eingestellt. Dort zu arbeiten, war grauenhaft, gerade für mich, der ich aus der Stadt komme.

Nicht immer kann gegen Ungerechtigkeit etwas unternommen werden. Es muss eine Weile gewartet werden um dann besser beurteilen zu können ob eingegriffen werden soll. Oft löst sich ein Problem von selbst. Aber auf der anderen Seite über einen langen Zeitraum zuschauen, wie z. B. Gewalt, Hass und Unsinn regiert, ist regt mich auf und da bin ich nicht allein damit.

Wohnungsmarkt: Was im Wohnungsbau gemacht wird, kann nicht gut sein.
Als ich vor ein paar Jahren eine Wohnung in München wollte, weil ich dort einen Kumpel, einen gleichaltrigen Chirurgen, hatte, war das vollkommen aussichtslos, was ich damals nicht wusste. Im Internet kannte ich mich bei undurchsichtigen Wohnungsangeboten nicht aus, so dass ich den Bürgermeister, Herrn Christian Ude, anschrieb. Ich fragte ihn im Schreiben freundlich, unter Angabe der Situation, ob er mir in irgendeiner Weise bei meiner Wohnungssuche weiterhelfen kann. Er leitete mein Schreiben an die Regierungsamtsrätin im Rathaus weiter. Ich bin ja froh, dass es der Herr Ude weitergeleitet hat, aber es

diente nicht dem Zweck, dem es dienen sollte. Die Regierungsamtsrätin teilte mir in einem persönlichen Gespräch mit: „Sie schreiben immer so viel." Und: „ziehen Sie doch in ein kleines Dorf." Da verschlechterte ich mich ja, ich lebte ja bereits schon in einer kleinen Stadt. Das Ergebnis war, ich hatte dann keine Wohnung in München. War ich nicht gebildet genug? Ich machte mir den Reim daraus, dass es dem SPD-Politiker phänomenal egal war, ob Leute nach München zuziehen wollen und dort eine Wohnung bekommen.

Übrigens, ich bin heute der Meinung, dass man, auch wenn man einige Jahre in einer anderen Stadt gelebt hat, in die Stadt zurückkehren sollte in der man geboren und aufgewachsen ist. Das gewohnte Umfeld bringt einem später mehr.

Warum wird nicht gebaut? Deutsche haben einen Anspruch auf vernünftige Wohnungen. Was im Straßenbau getan wird, ist ja in Ordnung. Es werden große Granitsteine verlegt, um so in der Stadt einen Stadtcharakter zu bekommen. Nur, warum ist der Wohnungsbau total eingeschlafen? In meiner Stadt, in der ich geboren bin, habe ich von der dortigen Wohnungsbaugenossenschaft sechs Jahre auf eine für ich bezahlbare 30 qm – Wohnung warten müssen. Eine Wohnung in einem Wohnblock, der in den 60er-Jahren gebaut wurde. Als ich nach Berlin ziehen wollte, und als ich mich auch vom Berliner Bauwesen selbst überzeugte, machte ich die Erfahrung, dass in Berlin so gut wie keine Immobilienbüros vorhanden sind. Ich suchte vergeblich nach ihnen bei einem ausgiebigen Stadtrundgang. Nach einer langen Zugfahrt nach Hause, etwa neun Stunden Fahrtzeit, setzte ich mich hin und schrieb Frau Dr. Angela Merkel, Bundeskanzlerin. Nachdem ich ja nun in München keine Wohnung bekam, in meiner Heimatstadt schon seit Jahren nicht, war das die einzige Möglichkeit für mich. Ich kannte Frau Dr. Angela Merkel ja schon von meinem ersten Schreiben an sie, als ich ein eigenes Taxi-/Mietwagenunternehmen hatte, eine Antwort von ihr bzw. von einer Angestellten vom Bundeskanzleramt bekam. Ich freute mich damals wie ein Schneekönig, als ich den Brief vom Bundeskanzleramt bekam. Ich war damals ein bisschen enttäuscht, als ich die Antwort von Frau F. erhielt. Eine Hotline für Beratungsförderung half mir nämlich nicht weiter. Ich verlor dann damals nicht nur Geschäft sondern auch Freundin. Sie wollte sich nicht weiter anschauen, wie ich mich mit immer weniger Aufträgen zufrieden geben musste. Das Geld reichte weder für einen neuen Wagen, noch für ein die Miete für Stall und Koppel in der Nähe meine Firmensitzes. Ich konnte ihr kein Geld dafür geben. Da ihr ihre Pferde am Ende meiner Selbstständigkeit wichtiger waren, als ich, zog sie mit ihren Pferden zwar um, aber nicht in die Stadt, in der ich wohnte. Einige Zeit später beendete sie dann auch die Beziehung. Um jetzt wieder einen Anschluss ans eigentliche Thema zu bekommen, so abgebrannt, wie ich damals dann war, wollte ich mich um eine Wohnung in Wien, Österreich, umschauen. Da ich nach einer spontanen Fahrt dorthin in Wien absolut keinen Plan hatte, wie ich schnell in dieser Großstadt eine Wohnung bekommen sollte, kam es zu keiner Anmietung einer Wohnung.

So das waren jetzt alle Versuche, eine vernünftige Wohnung zu bekommen.

Wenn der Wohnungsbau eingeschlafen ist, und zwar in ganz Deutschland, wie sollen junge Leute dann eine kleine, qualitativ gute Wohnung bekommen und selbstständig leben können? Sie können dann schwer einen Lebenspartner und auch Freunde finden. Man ist von den Eltern genervt. Auch das habe ich öftere Male schon hören müssen. Man möchte ungestört sein, wenn Freunde zu Besuch sind. Wie soll ein junger Mensch also erwachsen werden?

Furchtbar ist es, wenn alte Leute, die junge Leute aufregen, ganz einfach weil sie von ihrer Natur her so sind, und darüber lachen können, wenn sie einen jungen Menschen genervt haben. Diese Tatsache ist in der heutigen Zeit Gang und gebe. Während früher die Leute noch Anstand beim Grüßen, beim miteinander Reden und beim puncto Hilfsbereitschaft hatten, gehen heute beängstigend viel ältere Leute, ich habe dies in der gesamten Zeit, in der ich auf diesem Planeten lebe, selbst spüren müssen, patzig und verachtend auf die unerfahrenen aber wissbegierigen, jungen Leute zu. Stattdessen könnten sie doch ein wenig so, wie sie es früher von ihren Mitmenschen gelernt haben, mit den jungen Leuten umgehen. Ältere Menschen sollen mehr auf die jüngere Generation zugehen und von der alten Zeit erzählen. Sie sollen erzählen, was früher entscheidend und wichtig war, was sie für GUT empfunden haben.

Kapitel 9   Bundesverfassungsgericht

In Bezug auf die Fertigstellung meines Buches wollte ich die Meinung des Bundesverfassungsgerichts ins Buch mit hereinnehmen. Ich schickte dazu diesen Brief an den für mich zuständigen Rechtspfleger vom Bundesverfassungsgericht:

Sehr geehrter Herr …,

ich möchte Ihnen heute den Entwurf meines aktuellen Buches vorstellen. Es soll auf Missstände hinweisen und den Lebensweg von mir der Jahre 2007 bis 2015 beschreiben.

Eventuell haben Sie daran Interesse und können vielleicht eine Stellungnahme zum Zwangskrankenhausaufenthalt und zum ein oder anderen Thema abgeben. Ich möchte mir bei meinem Buch noch ein paar Monate Zeit lassen. Dann will ich es mit einer Verlagsvermittlung herausbringen.

Zur Ansicht oder als Geschenk übersende ich Ihnen hiermit auch mein erstes selbst geschriebenes Buch „Fahrservice Schubert". Es ist spannend und gut geschrieben.

Es muss natürlich noch einiges korrigiert werden, das weiß ich.

Mit freundlichen Grüßen   Anlagen
                                 1 Mappe
                                 1 Buch
Bernd Schubert

Vom Bundesverfassungsgericht erhielt ich einen Monat später eine weiterbringende Antwort. Ich habe mir ja auch große Mühe gegeben.

Nachschlag:

Das Anfechten meines Rechtsanwalts aus Ulm gegen meinen Betreuer mit einer Mitteilung ans Amtsgericht war zunächst hilfreich. Der Ulmer Rechtsanwalt meldete sich dann aber nicht mehr bei mir, sodass die Sache für mich erledigt war, denn ihm hinterher laufen wollte ich auch nicht.

Viel später dann, im Juli 2015 erhielt ich vom zuständigen Memminger Gericht eine Erklärung, die ich auch schon zum Ende meiner vorigen Betreuung bekam. Diesmal allerdings vom Gericht und nicht vom Betreuer auf einem Supermarkt-Parkplatz. Diese Erklärung ließ mich mein Betreuer dort unterschreiben. Sie beinhaltete, ich hätte keine Einwände gegen das ganze Betreuungsverfahren. Hinterlistiger Weise sagte mir mein Betreuer zuvor bei einem Telefongespräch, dass er mir den Ordner mit dem ganzen Schriftverkehr aushändigen möchte. Von der für mich nachteiligen Erklärung, die ich unterschreiben sollte, hatte er aber am Telefon, schlau wie er war, nichts gesagt. Ich unterschrieb die Erklärung fürs Gericht, bewusst, und mit der Gewissheit, dass ich gegen eine Betreuungserteilung durch den Richter vom Amtsgericht auch etwas unternehmen konnte, wenn ich hier eine Unterschrift leiste. Ich war sicher, dass mich ein einfaches „Okay" der angeblich korrekten Betreuung durch eine Unterzeichnung nicht hinderte, mit einem Anwalt gegen die „Fesseln" die man mir in der vergangenen Zeit angelegt hatte anzukämpfen. Ich vertrat den Standpunkt, dass eine zu Unrecht erteilte Betreuung und die damit für mich entstandenen schädlichen Folgen bei einem so schwerwiegenden, ungerechten

Fall ohne weiteres angefochten werden kann, auch wenn eine solche Erklärung vorhanden war. Auf die Erklärung legte der Betreuer natürlich sehr viel Wert, dann war er nämlich aus dem Schneider. Das hinterlistige Verhalten des Betreuers kümmerte mich nicht, ich wollte einfach meine Ruhe von der so lange andauernden Betreuung und ich unterschrieb das, was auf dem Blatt stand. Ich wollte auch einfach gerne den Ordner mit sämtlichen Unterlagen, die ich in der Betreuungszeit nie sah. Das war meinem Betreuer bewusst. Ein Betreuer, der bei den Besuchsterminen meistens ein hämisches Grinsen aufsetzte. Mich erinnerte das immer an den Bayerischen Ministerpräsidenten Horst Seehofer, der einem mit seinem Grinsen ebenfalls ein wenig hinterlistig vorkommt. Da bestand eine Ähnlichkeit.

Jetzt sieht es folgendermaßen aus. Das zweite Betreuungsverfahren ist beendet und ich bekam vom Amtsgericht eine Erklärung, die ich wieder unterschreiben sollte, zum Abschluss der Betreuung zugeschickt. Diesmal konnte der Betreuer nicht schnell die Erklärung vorlegen, mit der Hoffnung, schnell eine Unterschrift zu bekommen. Jetzt konnte ich mir mit der Unterschrift Zeit lassen und die kompletten Vorgänge noch einmal überdenken. Eine sinnvolle Neuerung des Gerichts, die allerdings für mich zu spät kam. Bei der zweiten Betreuung wollte ich nun nichts unternehmen, da ich keine Einwände gegen sie hatte. Hätte ich damals, also am Ende der ersten Betreuung diese Erklärung zugeschickt bekommen, hätte ich sie nicht unterschrieben, denn ich hätte Zeit gehabt, darüber nachzudenken. Dieses von mir abgesegnete Schriftstück war damals dann für mich wie ein Klotz am Bein. Heute ist es für mich nicht mehr von Nöten, dass ich vor leisten meiner Unterschrift Zeit habe, die etwaigen Nachteile zu bedenken. Ich unterschreibe heute, zum Schluss meiner Story, die Erklärung, die mich am Ende der ersten Betreuung von meinem Kampf für die Gerechtigkeit gewaltig störte und gebe somit das letzte „Signal" in der nicht enden wollenden, siebenjährigen Betreuungsgeschichte.

Interessant war für mich auch der Schlussbericht, den der Betreuer erstellen musste und dem Amtsgericht und mir zuschicken musste. Dieser Schlussbericht war absolut nichtssagend. Meine Stärken wurden in diesem Bericht nicht erwähnt. Ziemlich amüsant für mich war auch, dass meine diesjährige Stellungnahme zur Beendigung der Betreuung im Gerichtlichen Beschluss gar nicht berücksichtigt oder aufgeführt wurde. Lediglich wurde ein Zeugnis meines Arztes zur Begründung der Aufhebung der Betreuung herangezogen.

In den ersten Monaten des Verfahrens nahm ich mir noch vor, auch ohne Rechtsanwalt gegen das ungerechte Vorgehen gegen mich anzukämpfen. Wehrlos aber war ich bei der Geschichte mit der Deutschen Bahn:

- Etwas, was jedem in unserer gleichgültigen, derben Gesellschaft passieren kann. -

Für die nachfolgende Geschichte muss die Deutsche Bahn ja nicht zwangsläufig etwas dafür können. Ich zeige hier das Verhalten eines Bahn-Schaffners auf, meiner Meinung nach verhielt er sich total überzogen und aggressiv.

Mich zog es einige Male nach München, da ich damals München überwältigend fand. Das war auch zu der Zeit als ich vergebens nach einer freien, schönen Wohnung suchte. München fand ich herrlich, z. B. als ich an einem warmen Sommerabend am Karlstor stand und viele Leute erblickte, die gut gelaunt waren. Gleich sprach ich eine nette, junge Frau an. Ich unterhielt mich mit ihr, sie stand gerade alleine herum, über Wohnungen in der Landeshauptstadt. Im Gespräch zögerte sie nicht, mir zu erklären, wie es beim Wohnungsmarkt in München ausschaut. Sie sagte zu mir, dass man von Privat keine Wohnung bekommen könne. Man hätte da einfach keine Chancen. Du musst es bei einem Immobilienmakler probieren sagte sie, lieb wie sie war, zu mir. Nach ein paar Jahren erklärt mir heute mein Cousin, dass in München 100.000 Wohnungen fehlen. Also Leute wollen nach München ziehen, es gibt aber keine Wohnungen für sie. In der Kleinstadt, wo ich herkomme, sind sogar ganze 1.000 Wohnungen zu wenig vorhanden. Aber zurückkommend zum Thema: Ich saß jetzt im Zug bei der Rückfahrt und ein bisschen weiter weg von mir saß eine ältere Frau. Mir war es im Zug einfach zu heiß und so öffnete ich einige Minuten vor einem daraus Herrührenden Streit das Fenster im Zugabteil. Die ältere Frau machte das Fenster, das sich gleich in der Nähe von der Sitzbank befand, auf der ich hockte, zu, ohne zu fragen. Ich sagte zu der etwas verkalkten Dame: Ich möchte aber, dass das Fenster offen bleibt. Die Frau sagte kurz und deutlich: Nein. Ich machte das Fenster wieder ein wenig auf. Dann verschwand die ältere Frau im nächsten Zugabteil. Einige Zeit darauf kam sie zurück und setzte sich wieder auf ihren Platz, etwas zwei Sitzbänke entfernt von mir. Jetzt kam ein Schaffner, circa 50 Jahre alt, in das Zugabteil, in dem ich saß und die alte Frau. Die alte Frau freute sich schon heimlich auf etwas. Total aggressiv kam der Schaffner auf mich zu. Ich merkte, dass er mich am liebsten geschlagen hätte. Er schloss hektisch das Zugfenster. Dann beschimpfte er mich mit einer von ihm bösen Art und ich konnte ihm nichts entgegensetzten, da er mich mit allem was er zu bieten hatte runterputzte. Ich saß nur friedlich da, ich war wehrlos. Das einzige was Ruhe ins Zugabteil gebracht hätte, wäre ein Schlag ins Gesicht des Schaffners gewesen. Das hätte er verdient gehabt. Aber schlagen darf man die Leute ja nicht. Er sagte, fast schreiend, zu mir: Das Fenster bleibt zu! Die ältere Dame ist leicht Erkältet! Davon, dass die Dame erkältet war, wusste ich nichts. Aggressiv verließ er wieder das Zugabteil. Hätte ich ihm widersprochen, hätte er mich nur sinnlos weiter zusammengestaucht. Meine gute Laune war zerstört. Traurig hockte ich nun im Zug. Also der Zug in Memmingen hielt, stieg die alte Dame, die das ganze verursachte, aus und bemerkte noch, als sie sich beim Aussteigen zu mir wendete: Ich bin Ärztin und ich vertrage kein offenes Fenster und keinen Zuggast, der mir widerspricht. Okay, dachte ich mir, die Frau ist total krank im Kopf. Ich ging ein bisschen bedrückt nach Hause.

Ich denke, dass man vieles was mir von Polizei, Arzt und Gericht vorgeworfen wurde, auch ohne den ganzen Aufwand, der betrieben wurde, durch einfache, sachliche Auskünfte in einem Gespräch hätte klären können. Es wurden irgendwelche, teilweise an den Haaren herbei gezogene Gründe für einen riesigen Betreuungsapparat gesammelt, um ihn dann in Kraft zu setzen. Ein sinnloser „Krieg" wurde geführt. Statt einer normalen Verständigung wurde unnötig gestritten. Und nicht zu vergessen ist, welche Kosten verursacht wurden.

Wir brauchen neue Gesetze. Ob bei diesem ernsten Thema oder bei anderen Punkten, die ich in den folgenden Kapiteln noch erläutere. Wir müssen das „Lockerleben" in der Gesetzgebung endlich beenden. Um ein gut funktionierendes Deutschland zu haben, ist dies dringend notwendig. Sonst können wir ja gleich, wie in meinem Fall, alle in die Rente schicken. Dann brauchen wird die Menschen gar nicht erst einschulen und später zu Ausbildung schicken. Das Leben hat keinen Sinn, wenn man nicht arbeitet. Also was für eine Logik hat es, wenn wir keine Gesetze haben, damit Gerechtigkeit waltet, damit Ungerechtigkeit am Arbeitsplatz, im öffentlichen Leben usw. nicht herrschen kann. Herrschen muss Gerechtigkeit und der normale Umgang miteinander.

Man muss den Menschen etwas beibringen. Leute, die ein höheres Amt bekleiden, würden vielleicht sagen: Dem hat man nichts beigebracht. Man muss, bringt man jemandem etwas bei, es einem so beibringen, dass er es auch versteht. In der dritten Bank, bei der ich arbeitete, nachdem ich bei den ersten beiden Fusionen mitgemacht habe und hinausgeschmissen wurde, erledigte ich meine Aufgaben so, dass die Chefs mit mir zufrieden waren. Leider verhielt es sich in dieser Bank aber ebenfalls so, wie auch in der beiden Banken zuvor, dass mir so gut wie nichts beigebracht wurde. Meine Tätigkeit am Schalter hätte verbessert werden müssen und der Umgang mit den Leuten forciert werden müssen. Das war den Vorständen aber nicht so wichtig, da sie im Hinterkopf hatten, mich bei der Fusion, die etwas in einem Jahr vollzogen werden musste, mich sowieso zur Großbank abzuschieben.

Im Kundenservice verkaufte ich, ich hatte noch nie eine Union-Investment-Schulung, Aktienfonds. Ich verkaufte so viel Fonds, wie kein anderer in der Bank. Der Vorstand fragte mich dann erfreut einmal, wie ich eigentlich die Investmentpapiere so gut verkaufen konnte. Ich erwiderte ihm: Ich habe den Kunden überzeugt. Nun kam es aber zu einer Talfahrt im Aktiensektor. Etwa ein Jahr nach dem Aufschwung bei den Aktien zur Jahrtausendwende vielen alle Aktien in den Keller. Die Aktien waren bei weitem nicht mehr so viel wert, wie zu dem Zeitpunkt, an dem sie gekauft wurden. Also kam es dazu, dass eines Tages ein Kunde, der bei mir am Schalter den Uni-Global Aktienfond gekauft hatte, sein Geld zurück haben wollte. Der Vorstand und der Kunde machten einen Versicherungsfall aus der Sache. Ich musste hierbei unterschreiben, dass ich falsch beraten hatte. Erst jetzt kam die bankinterne Investment-Schulung, die vom leitenden Schalterangestellten durchgeführt wurde. Diese Aktien und Fonds-Schulung brachte nicht viel, da sie ein Union-Investment-Experte hätte abhalten sollen, wie es in der ersten Bank, bei der ich beschäftigt war, der Fall war, und nicht von jemandem, der weniger Fonds verkaufte als ich. Ich war Neuling in dem Gebiet. Es tauchten dann noch einige Kunden am Bankschalter auf, die vor der Investment-Schulung noch Aktienfonds bei mir gekauft hatten und die sich nicht fortlaufend um den Kurs des Aktienfonds kümmerten und weiter informierten. Sie standen gebeugt am Bankschalter, ihre Lefzen waren unten. Durch diese Kunden, ihre Unzufriedenheit drang bis zur Chefetage durch, verlor ich Ansehen in der Bank. Am Ende musste ich bei der Fusion mit einer Großbank in der Zahlungsverkehrsabteilung weiterarbeiten, was ich aufgrund meiner Erfahrung und aufgrund der Dauer, in der ich schon im Kundenservice beschäftigt war, es waren 4 ½ Jahre, nicht packte. Andere Bankmitarbeiter wurden ebenfalls von ihrer besseren Abteilung herausgenommen und hatten in der großen Zahlungsverkehrsabteilung zu arbeiten. Ich unterhielt mich mit einer der degradierten Bankmitarbeiterin und sie erklärte mir, dass sie sowieso kündigen werde und sich von einer anderen Bank anstellen lassen werde, weil sie mit ihrem Arbeitgeber nicht mehr zufrieden war. Diese Bankangestellte war schon viele Jahre bei der Großbank beschäftigt bevor sie versetzt wurde. Weitere vier Bankangestellte der Bank in der ich bis zur Fusion tätig war, kündigten schon vor einige Zeit vor der bevorstehenden Fusion ihr Arbeitsverhältnis. Sie sagten noch zu mir, dass sie mit denen, also mit der Führungsriege der neu hinzukommenden Bank nicht zu tun haben wollen. Ich als einziger wurde von dem Kreditinstitut, das noch zwei weitere Filialen hatte, in die Zahlungsverkehrsabteilung zwangsversetzt. Ich machte den Vorgesetzten zwar klar, dass es mir in der Filiale, in der ich arbeitete, gut gefiel und dass ich lieber am Schalter arbeiten möchte, aber das kümmerte die neuen Vorgesetzten nicht. Meine Schaltertätigkeit war nun beendet. Zu allem Übel erkrankte ich in der Zahlungsverkehrsabteilung, aber nicht nur weil ich degradiert den ganzen Tag Überweisungen in den PC tippte. Auch war es fast nicht zu ertragen, dass alle Mitarbeiter dort unzufrieden waren. Es wurde auch so gut wie nichts miteinander geredet.

Der eine oder andere könnte jetzt behaupten, dass man Degradierungen und andere Rückschläge einfach hinzunehmen hat. Ich wäre sozusagen ein Weichei. Nur ich ordne mich eher der Kategorie Boxen zu als etwa den Weicheiern. Beim Boxen hat der Michalczewski einmal gesagt: Ich bin halt ein harter Hund. Wenn es mir in der Vergangenheit so schlecht ging, dass ich in dieser ganze drei Mal im Krankenhaus war und auch wenn ich sehe, dass ich nach meiner gescheiterten Selbstständigkeit sieben Jahre kein Auto besaß, und das aushielt, so kann ich von mir ebenfalls behaupten, dass ich, wie der Profiboxer, ein harter Hund bin. Die vier Jahre „raues Leben in …" mit den unpersönlichen Leuten mit denen ich zusammen war und mit denen ich zu tun hatte, waren kein Zuckerschlecken. Mit dem Zug musste ich nach Memmingen zum Taxifahren fahren, ich hatte ja kein eigenes Auto. Und die kleine „Sozialwohnung" in der ich heute wohne, die gerade einmal 30 qm Wohnfläche hat, gerne hätte ich ein bisschen mehr Platz für meinen Hausrat und würde von einem Zimmer ins andere laufen können, ist manchmal schwer für mich. Aber wie sagen wir Christen: Der Herr ist mein Hirte, mir mangelt an nichts. Vielleicht hat ein früherer erfolgreicher, russischer Politiker es einmal auch so gehabt, als er ein junger Mensch war. Josef Stalin hat bekanntlich im Jahr 1945 im Namen von Russland, zusammen mit den Amerikanern und den Engländern, den Krieg beendet. So schlecht ist es nun auch nicht, das harte Leben zu erleben. Irgendjemand wird einmal den Krieg in Afghanistan, in Syrien und in Afrika den Krieg beenden. Es wird hoffentlich bald sein. Und wenn ICH alles geben muss, um dies zu tun. Jemand muss sagen: „So jetzt reichts". Mein Opa hat im 2. Weltkrieg, als er in Russland kämpfen musste, andere Erfahrungen gemacht als ich. Ich muss zugeben, die Härte, die ich bis jetzt im Leben hatte, genügt mir. Friedrich Roman Schubert, mein Opa, hat in Russland vier Jahre Kriegsgefangenschaft ertragen müssen. Schlimmste Zustände fand er in Russland vor. Er hat es gerade noch überlebt, weil er im Gefängnis dort in der Küche gearbeitet hat. Er hob ein eisernes Kreuz auf, das er im Felde nach einem Gefecht verliehen bekam, um es später seinen Nachkommen zu geben. Ich halte das Eiserne Kreuz 2. Klasse in Ehren, weil ohne ihn würde es mich nicht geben. Meine Fürbuch-Omi hat es mir als ich noch sehr jung war einmal zum Geburtstag geschenkt. Er kam wieder nach Deutschland und lebte mit seinen acht Brüdern in Pfaffenhausen. In Pfaffenhausen spielte er neben der Arbeit, er war Metzger, eine große Auswahl an Berufen gab es damals für ihn nicht, Fußball. Bei einem Fussballspiel lernte er meine Oma aus Fürbuch kennen. Sie schaute bei einem Spiel zu. Fürbuch hat seinen Namen von den vier Buchen, die zur Gründung des Ortes dort standen. Vier Buch => Fürbuch. Man könnte auch sagen: Fürbuch – Für das Buch. Das Buch, das ich gerade schreibe. Kleines Wortspiel. Aber einmal Spaß bei Seite. Ich möchte, dass der Leser etwas Positives für sich aus diesem Buch entnehmen kann, dann ist das Ziel erreicht. Ich möchte, dass die Menschen die Ungerechtigkeiten, die sie im Leben erfahren mussten auf Papier festhalten. Ungerechtigkeiten, die das Leben nicht lebenswert machen. Ich für meinen Teil habe den Irrsinn, den ich ertragen musste, die Rechtswidrigkeiten, zusammen geschrieben und ans Bundesverfassungsgericht geschickt. Auch Boykott und Mobbing am Arbeitsplatz sind als Rechtswidrigkeiten oder Straftaten anzusehen. Man muss sich nicht alles bieten lassen. So habe ich in dieser Woche, in der ich hier nun ein weiteres Stück an meinem Buch schreibe, eine

Antwort von einem Rechtspfleger vom Bundesverfassungsgericht bekommen. Sie beinhaltet folgendes:
Der Eingang Ihres oben genannten Schreibens wird dankend bestätigt. Es wurde samt der beigefügten Bücher mit Interesse zur Kenntnis genommen. Mit freundlichen Grüßen, Regierungsangestellte.

Ich möchte, dass sich etwas ändert in unserem Rechtssystem. Ich kann nur jedem Raten, der sich ungerecht behandelt fühlt und die Ungerechtigkeit Jahre lang anhält, das gleiche zu tun. Haben Sie Mut.

Das Bundesverfassungsgericht sollte ihre Gesetze so gestalten, dass die Richtigen ins Gefängnis kommen. Ein hartes Durchgreifen sowie eine bestimmte, klare Ansage in einem deutlichen Ton in bei Unstimmigkeiten kann auch einmal streng sein, sonst lernt der andere nichts aus der Sache. Sonst begreift die zu richtende Person nicht. Wenn für das Recht und die Gerechtigkeit ein klares Wort gesprochen wird, so ist das immer richtig. Nicht aber natürlich ein Streitgespräch, bei dem der, der den Anfang der Auseinandersetzung vorgenommen hat, im Sinn hat, die andere Person zu zerstören.

ICH bin von meiner Natur her ziemlich hart. Ich kann Dinge aushalten, wo andere zusammenbrechen. Das Aushalten von Unangenehmen Dingen ist für mich kein Problem. Wo andere schon längst die Kündigung einreichen, bei einem Wortgefecht zuschlagen würden oder bei seinen Leuten zu jammern anfangen würden, mache ich noch nichts Großartiges. Ich warte hier sehr lange ab. Ein wenig kann man immer weitermachen und so fahre ich in normaler, gemäßigter Weise fort. Irgendwann muss man sich schon eine Lösung für einen sehr lange anhaltenden Konflikt einfallen lassen, sonst geht man zu Grunde.

Was auch eine gute Eigenschaft von mir ist und was ich gerne weitergeben möchte ist, dass ich auch in einer kniffligen Situation wieder zu Geld komme. Es gibt immer einen Weg. Man muss ihn finden. Jeder kann in dieser Welt etwas finden. Man muss nur etwas tun. Aus der Arbeit wurzelt der Erfolg.

Wir leben in einer modernen Welt und wir müssen unsere Gesetze anpassen. Bestimmte Gesetze waren, als ich sie brauchte noch gar nicht vorhanden. Hätte ich den Schadensersatz durch meine Schadensersatzklage aus dem dubiosen Betreuungsverfahren bekommen, hätte ich mir wenigstens in der Zeit zu der ich arm war wenigstens ein Auto kaufen können. Oder, wenn der Schadensersatz größer ausgefallen wäre, eine Taxikonzession mit Taxi und ich hätte da weiter machen können, wo ich aufgehört hatte.

Hätte man mich in den fünf Jahren, in denen ich in den Banken gearbeitet habe – 15 verschiedene Zweig- und Hauptstellen – nicht so rücksichtslos herumgeschubst, dann hätte ich heute noch den Bank-Arbeitsplatz. Ich wäre in der Gesellschaft angesehen gewesen und wäre später nicht jahrelang sinnlos arbeitslos gewesen. Ich hätte mit einem Arbeitsplatz, in meinem erlernten Beruf dann auch Frau, Haus und Kinder haben können. Ohne einen Arbeitsplatz will eine Frau nichts von einem wissen. Es gibt kein Gericht mit einer Beschwerdestelle, bei der man sich über Mobbing oder Ähnliches beschweren kann. Auch müssen bei Mobbing klare Richtlinien geschaffen werden. Wer seinen Arbeitskollegen boykottiert, muss genauso hart bestraft werden, wie ein Dieb nach einem schweren Diebstahl. Es geht schließlich um eine Existenz. Der Arbeitnehmer wird bei seinen Möglichkeiten, die er beim Vorgehen gegen Mobbing hat, nicht ausreichend informiert. Und so springen Kollegen einfach unwillkürlich rüpelhaft miteinander um. So kann dann der jüngere Arbeitnehmer, der sowas auf Dauer nicht aushält, und keine Familie hat, die Kündigung von seinem Arbeitgeber entgegennehmen. Am Boden zerstört kann er dann die Bank für immer verlassen.

Was soll ein gelernter Bankkaufmann dann in der Arbeitslosigkeit, liebes Bundesverfassungsgericht? Die Banken haben bei der Auswahl der Bewerber im Einstellungsverfahren aufgrund der zahlreichen Arbeitssuchenden und aufgrund der Arbeitsplatzreduzierungen im Bankensektor eine Flut an arbeitslosen Bankern, die ihnen die Tür einrennen. Aus einer anderen Sicht betrachtet, sollten Arbeitsplätze frei gemacht werden, an denen Ungerechte und Spaßverderber, nur egoistisch denkende und Hinterlistige arbeiten. Leute die nicht mit einem neuen Arbeitnehmer reden oder mit einem, der in der Hierarchie unter ihnen platziert ist und Leute, die nur leitenden Angestellten oder Chefs reden, um dadurch selbst weiterzukommen, gehören gefeuert. Man arbeitet im Team, nicht in einem Boxring. Ich wurde einmal von einem Bank-Filialleiter, weil ich in einer freien Minute schnell einen Apfel gegessen habe, dermaßen heruntergeputzt, dass es mir noch am nächsten Tag bis oben stand. Im Anschluss an das übermäßige und gehörige Zurechtrücken sprach der Bankangestellte, der mit mir alleine in der Filiale arbeitete, für mehrere Wochen kein Wort mehr mit mir. Er unterhielt sich wunderbar mit den Bankkunden, aber mich verachtete er. Hier wird klar, was der Kollege im Schilde führte, er wollte dass es mir schlecht geht und dass ich aufgrund dessen die Kündigung vom Vorstand erhalten soll. Das hat dieser fiese Kollege nach zahlreichen anderen Gemeinheiten dann auch geschafft. Zudem war er viel älter und erfahrener. Er hatte also leichtes Spiel. Hierbei handelt es sich um einen von vielen Arbeitnehmer bei der Bank, die mir das Arbeitsleben versalzten. Sprüche, wie: - Du kannst ja gar nichts, hat man Dir nichts beigebracht, bei der Bank, wo Du herkommst – konnten sich die Filialleiter eigentlich sparen. Vernünftig wäre es gewesen, mir etwas beizubringen. Auch Vorstände beachteten mich nicht großartig und gaben mir keine Tipps zur Arbeit. Die Bank-Vorstände kenne ich genau, ich glaube aber, dass sich keiner von ihnen mehr an mich erinnert. Es waren 14 Vorstände, die es nicht im Geringsten Juckte, wenn ich ein schweres Arbeitsleben hatte und die Tatsache, dass sie mir eine Kündigung aushändigen. Bei diesen 14 Chefs muss ich an unseren Altbundeskanzler Gerhard Schröder denken, der das Hartz4 eingeführt hatte. Hartz4: Schlecht für die Arbeitslosen und schlecht für die Armen. In einem Interview hat damals eine Arbeitslose Mutter, als das Hartz4-Gesetz in Kraft trat, über den Herrn Gerhard Schröder gesagt: Danke, Herr Schröder, dass sie mich noch ärmer gemacht haben – SIE haben ja Ihre großen Einkommen. Gerhard Schröder hatten meine 14 Vorstände wahrscheinlich zum Vorbild. Und zwar aus DEM Grund, weil sie zu DEN Leuten gehören, die glauben, dass sie durch rücksichtloses Verhalten in der Arbeitswelt weiterkommen. Dass ich aber jetzt als Taxifahrer arbeite und dankbare Fahrgäste und dankbare Chefs habe, damit haben die 14 Vorstände nicht gerechnet. Die Tatsache, dass die Bank-Vorstände nur an ihren eigenen Wohlstand dachten, aber nicht an das Wohl ihrer Arbeitnehmer, interessierte die Vorstände damals nicht. Jetzt weiß das Bundesverfassungsgericht davon. Nicht einer der Vorstände hatte den Willen, mich bei meiner Arbeit und in der Verteidigung gegen meine Kollegen zu unterstützen.

SO miserabel ist es mir in meiner Arbeitsstelle in den fünf Banken, bei denen ich tätig war, ergangen. Wenn es MIR so ging, dann ging und geht es auch heute noch Arbeitnehmern nicht gut an ihrem Arbeitsplatz. Gegen diesen Missstand muss angekämpft werden. Die bisherigen Bundeskanzler interessierte so etwas gar nicht und auch nicht die jetzige Bundeskanzlerin.

Man kann somit behaupten: „Gemacht" haben mich die Mitarbeiter der fünf Banken nicht. In einem guten, coolen Song von AC/DC heißt es so schön: „Who made who?" – also „Wer hat wen gemacht?" oder „Wer hat wen gefördert?", „Wer hat wen weitergebracht?". Wenn ich an die fünf Jahre denke, in denen ich in Banken arbeitete, muss ich leider sagen: Niemand. Dank der „schlauen" Vorstände bin ich nun in der Rente und werde von der Gesellschaft nicht akzeptiert, wenn ich sage was ich mache. Klar ist, dass die Vorstände nicht einmal wussten, wieso sie eigentlich jeden Tag aufstanden und zur Arbeit fuhren. Einer von ihnen sagte einmal: „Ich bin froh wenn ich in der Rente bin, dann kann ich zuschauen, wie die anderen zum Schaffen fahren." Sie hatten ihre Rente vor Augen, das war das Thema, das sie glücklich machte, nicht aber etwa glückliche Angestellte. Einen jüngeren Vorstand hatte ich schon auch als Chef, aber der hatte nur Arbeitnehmer-Rationalisierung im Kopf oder ihn interessierten nur irgendwelche gewinnbringende Zahlen des Kreditinstitutes, die das Kreditinstitut auch ohne ihn gehabt hätte.

Zu der Zeit als der jüngere Vorstand und ich in der Bank tätig waren, die gerade die Milliardengrenze der Bilanzsumme überschritten hatte, musste die Bank saniert werden. Die Bank war aber auch ein Sanierungsfall im Hinblick auf das Personal und so waren die Gewohnheiten und Gebräuche und war die Arbeitsweise insbesondere der jüngeren Mitarbeiter, mit denen ich viel zusammen arbeiten musste, grauenhaft. Die Tatsache aber, dass ich keine Schulungen im Wertpapierbereich bekam, brachte das Fass zum überlaufen. Es wäre dringend nötig gewesen, mich in der Bank zu unterrichten, dass ein großes Risiko beim Aktienkauf besteht und dass der Handel mit Aktien das reinste Roulettespielen ist. Das Unterlassen von Wertpapierschulungen durch die Bank hatte nicht nur für die Kunden schwere Folgen, sondern auch für mich. Unwissend kaufte ich von zwei Unternehmen Aktien, die gerade neu börsennotiert waren. Diese Aktien wurden mir vom Filialleiter zuvor schmackhaft gemacht und ich war bereit zu vollem Risiko. Überraschend schnell waren diese Aktien nur noch die Hälfte wert. Der Filialleiter erklärte mir dann, nachdem er sich den Kurs der Aktien angeschaut hatte und selbstverständlich über meinen Fehlkauf Bescheid wusste, ich könne die Aktien nun wieder verkaufen. Ich verkaufte sie nicht und verlor einige Wochen später den kompletten Betrag, den ich eingesetzt hatte. Es war sehr ärgerlich für mich, dass ich gleich 10.000,- DM verloren hatte. In fünf Jahren Bankzugehörigkeit hielt es die Bank nicht für nötig, mir eine Wertpapierschulung zu geben. Das war mir nicht vergönnt. Ausgenommen eine kurze, interne Schulung für Wertpapiere, die nach dem Aktienzusammenbruch im Jahr 2001 stattfand, nachdem sämtliche Bankmitarbeiter risikoreiche Aktienfonds an ihre Kunden verkauft hatten. Die Bankkunden verloren somit ihr Geld, das sie sich hart erarbeitet hatten. Doppelt schlecht also. Nicht nur ich, nein auch die Kunden der Bank waren geprellt. Die Bankvorstände, die dafür verantwortlich waren, kassierten fette Vorstandsgehälter und leben jetzt von einer hohen Rente. Für was?

Für das Bundesverfassungsgericht:
Wenn es mir schwerwiegend schlecht gegangen wäre und wenn ich eine Betreuung gebraucht hätte, warum kann ich dann so etwas:

Bei der Auskunft angerufen und nach der Telefonnummer vom Bundesverfassungsgericht gefragt. Zur Antwort erhielt ich: „Wollens zum Geburtstag gratulieren?" An dem Tag war zufällig der 60. Geburtstag von diesem Gericht.

Den Bundesanwalt Prof. Dr. ... angerufen mit der Hoffnung, dass er mich in meinem Verfahren vertritt. Nachdem ich ihm meinen Fall kurz erklärte ergab sich folgendes Gespräch: „Ich glaube nicht, dass ich da der Richtige bin. Wie sind Sie auf mich gekommen?" „Ich habe Sie im Internet gefunden." „Ah, im Internet."

Ich war beim Amtsgericht wegen der Betreuerangelegenheit, oben im 1. Stock. Die Angestellte fragte mich: „Um welche Scheidung geht´s?"
Ich machte auf sie einen ganz normalen Eindruck. Sie hätte mir ja angesehen, wenn ich den Eindruck für einen Betreuungsfall gemacht hätte, wenn sie schon in einem Gericht arbeitete.

Kapitel 10   Gesundheit

Kapitel 10 a   Nicht erkannte Kaufsucht ist heilbar

Ganz Deutschland ist vom Kaufwahn getroffen. Kann man nicht einmal ein Geld auf die Seite legen für wichtige Dinge, die man fürs Leben braucht. Gerade bei vielen Frauen in der Bundesrepublik fällt mir gelegentlich der Spruch ein: I dream of go shopping every day. Zu Deutsch: Ich träume davon, jeden Tag einkaufen zu gehen. Wie wenn die Leute süchtig nach Einkaufen sind, denken sie nur noch ans Kaufen und geben ihr Geld mal hier und mal da aus. Sie merken gar nicht mehr, dass sie ohne gewisse Dinge glücklicher wären. Wieso muss man denn alles neu haben? Warum tut es nicht das Gebrauchte? Bei allen Konsumgütern muss man immer das Beste haben. Das muss nicht sein. Der Einzelne sollte sich überlegen, was ihm wichtig erscheint, da kann er ja investieren, und unnötige Einkäufe muss er einfach sein lassen. Wie will man sonst jemals Geld sparen können. Das Sparen bringt einem doch auch etwas.

Kapitel 10 b   Heilbar auch die Rauchsucht

Wie habe ich es geschafft, das Rauchen aufzugeben?
Jeder Raucher überlegt sich doch, ob er überhaupt mit dem Rauchen aufhören soll, so auch ich. Zunächst hörte ich immer wieder einmal für eine Woche auf. Das brachte nichts.
Ich musste irgendwas finden, das ich lieber tat, als zu rauchen: Lesen. So kaufte ich mir drei Bücher, die dann auch gerne las. Sie waren: Die Kunst, Recht zu haben / Psychologie der Massen / Sag ´s wie Obama.
Ich las und las, aber noch war ich nicht überzeugt davon, dass es besser für mich wäre, das Rauchen aufzuhören und ich rauchte weiter.

113

Dann ging es mir gesundheitlich auf einmal nicht mehr so gut, vielleicht war es die Anstrengung, plötzlich wieder Bücher zu lesen. Ich hatte einige Zeit kein Buch mehr gelesen. Ob es jetzt nun vom Bücher lesen kam, dass ich dann später mit dem Rauchen aufgehört habe, weiß ich nicht genau. Auf jeden Fall machte ich nun auf einmal ernst, die Raucherei zu beenden.

Bei mir war es letztendlich so, dass ich mit dem Rauchen aufhörte, weil es mir nicht mehr gut ging. Meinem Körper geht es jetzt ohne Rauchen viel besser und den Geschmack von einer Zigarette im Mund könnte ich nicht mehr ertragen. Ich kann jedem, der das Rauchen anfangen will, aus welchem Grund auch immer, nun ans Herz legen, es sein zu lassen. Da die meisten erst aufhören, wenn es ihnen schlecht geht, wieso lässt man es dann erst dazu kommen? Welchen Sinn hat dann Rauchen überhaupt? Keinen.

Kapitel 10 c Irgendwann mal anfangen freundlich zu sein!

Grundlegend ist es ja einem Menschen mit Freundlichkeit entgegenzukommen. Wer das nicht tut, ist ja ein dummer Idiot. Ist man zu einem Menschen gut gewesen, gibt einem das ja was. Menschen in seinem Umfeld hat man zu achten und man hat ihnen positiv entgegenzutreten. Wer seinen Mitmenschen hasst, und kein Rezept hat, mit ihm umzugehen, wäre im Gefängnis besser aufgehoben. Eine nette Erscheinung ist im Leben immer ein Vorteil. Dem größten Feind kann man mit Freundlichkeit zu Besserem bewegen. Natürlich kann man vollkommene Idioten nicht so behandeln, wie seinen besten Freund, aber man kann insoweit ihm begegnen, dass man ihm was Gutes tun, wie z. B. ihn in Ruhe zu lassen, ihn einfach nur zu grüßen, oder ihm eine kleine Hilfe zu geben.

Ich habe die Entscheidung getroffen, diesen Unterpunkt zum Kapitel Gesundheit hinzuzufügen, da die Unfreundlichkeit der Menschen auf die Gesundheit schlägt. Die Verachtung, die viele Leute ihren Mitmenschen entgegenbringen, geht sogar so weit, dass ich schon einmal in einer Talkshow von einem Ex-Politiker hören musste: „Glauben Sie noch an das Gute im Menschen?'" Es sind mindestens die Hälfte der Leute, die auf unserer Welt leben, der Überzeugung, dass Menschen eigentlich nicht so handeln, dass es aus Nächstenliebe ist. Jeder erwartet vom anderen Freundlichkeit, dann kann man doch selbst auch freundlich sein. In manchen Fällen wird man noch zu Lebzeiten für Unfreundlichkeit und Rücksichtslosigkeit bestraft. Sich ungerecht und unfreundlich zu verhalten, kommt irgendwann auf einen zurück. Man spricht auch von „Retourkutsche", sollte man sich nicht bemühen, human miteinander umzugehen. Immer wieder lässt sich erkennen, dass unsere Mitbürgerinnen und Mitbürger das Ausgeteilte zurückbekommen.

Tag täglich bringen sich die Menschen gegenseitig runter, was sich verletzend auf die Seele auswirkt. Der Hass ist bei den Menschen sogar so groß, dass unsympathische Menschen und Leute die jemandem aus irgendwelchen, an den Haaren herbeigezogenen Gründen im Weg sind bekriegt werden. Aber ist es gut wenn ein Mitmensch wegen des Hasses seinesgleichen nicht mehr da ist?

Menschen sterben aus den unterschiedlichsten Gründen. Sei es durch Kampf im Krieg oder durch nicht endenden Streit im Beruf, in der Nachbarschaft, etc. Auseinandersetzungen wachsen zu nicht riesigen Streits heran. Diese bösartige Wucherung würde ich gerne den Menschen nehmen. Zu viel Aufregung ist sowieso nicht gut. Ein gesundes Miteinander führt zu Produktivität, Zufriedenheit und einem guten Wohlbefinden.

Ich wähle nicht die Korruption, nein ich wähle die Freiheit und die Gerechtigkeit. Für die, die nicht begreifen, dass ich „fair" mit meinen Leuten umgehen muss, wäre eine Gefängnisstrafe angebracht. 10 – 20 Tagessätze im Gefängnis täte einigen gut. Den Vater meiner Ex-Freundin wollte man einmal vergiften. In der Zeit als er noch berufstätig war, er war Diplomingenieur und er war bei einem riesigen Unternehmen zuständig für Starkstromangelegenheiten, war jemand neidisch auf seinen Arbeitsplatz. Dieser Jemand wollte unbedingt den Arbeitsplatz von ihm. Es handelte sich um einen ausgezeichneten Arbeitsplatz. Eines Morgens schüttete der unberechenbare Angestellte Gift in den Kaffee von meinem Fast-Schwiegervater. Nur dieser bemerkte beim Trinken, dass etwas nicht stimmt. Etwas schmeckte komisch. Er hatte fast nichts getrunken und schüttete den vergifteten Kaffee gleich weg. Das war ja nochmal gut gegangen. Ich hatte den netten Vater meiner Freundin sehr gern, das wäre ein großer Verlust gewesen und ich hätte nie mit ihm Skat spielen können, wenn er gestorben wäre. In so einem Fall würden natürlich ein paar Tagessätze Gefängnis nicht ausreichen. Ich weiß jetzt nicht, was der Großbetrieb mit dem Mann, der einen Mordversuch verübt hatte, getan hat. Hierbei habe ich nun einen Extremfall angesprochen. Nur, dass es bei Kollegen und deren Vorgesetzten immer wieder zu Streitigkeiten kommt ist keine Seltenheit. Oft wird auch das gegenseitige anfeinden unter den Mitarbeitern dem Chef gar nicht mitgeteilt. Es kommt zu einer Kündigung, weil ein Mitarbeiter nicht mehr so gut arbeitet, aber die schlechte Arbeitsqualität kommt ja aus diesem Kampf, der unter den Mitarbeitern stattfindet. Der betroffene, ungerecht beurteilte Angestellte muss dann seinen Arbeitsplatz räumen. Die Kollegen und Vorgesetzten, die ihre Kollegen schlecht behandeln und oft eiskalt verachten, wollen für ihre Kinder später aber schon eine gerechte Arbeitswelt. Sie selbst waren aber jeden Tag ungerecht zu ihren Kollegen. Wenn es wegen eines oder mehrere Miesmacher, also Arbeitsplatz-Vermieser, zu einer Kündigung eines wehrlosen, anständigen Mitarbeiters kommt, ist hier eine Gefängnisstrafe von beispielsweise 10-20 Tagessätzen angebracht. Diejenigen Arbeitsplatzversauer müssen zur Rechenschaft gezogen werden. Die in die Arbeitslosigkeit geschickten Angestellten können schauen, wie sie weiterkommen. Oft bekommen sie nicht gleich eine neue Arbeitsstelle. Wenn sie aber keine Arbeitsstelle mehr bekommen, können sie durch das arbeitslos sein und damit das sich nutzlos vorkommen in der Gesellschaft psychisch krank werden. Erst einmal in so einem Teufelskreislauf angekommen, ist es schwer, da wieder herauszukommen. Irgendwann kann man nur noch medikamentös behandelt werden. Ich spreche aus Erfahrung. Ich bekam das Medikament noch fünf Monate vor der Kündigung, seitdem nehme ich es, weil die Krankheit nach fünf Jahren in einer Bank, bei sämtlichen sich unnatürlich verhaltenden, selbstsüchtigen, egoistischen Angestellten chronisch wurde. Man befindet sich also durch eine ungerechtfertigte Kündigung in der Arbeitslosigkeit und kann dann, wenn eine psychische Krankheit ausbricht und diese aus irgendeinem Grund nicht zu stoppen ist oder zu minimieren ist, auch noch schätzungsweise übliche 1 ½ Monate im Krankenhaus verbringen. Das kann nicht Sinn der Sache und schon gar nicht Sinn des Lebens sein.

Kapitel 11   Autos und Stadtaspekte

Was eigentlich allen Bürgern, aber vor allem mir bewusst ist, da ich sechs reparaturbedürftige, oder schlechte Fahrzeuge während meiner Selbstständigkeit hatte, ist, dass es zu den verschiedensten Reparaturen bei Kraftfahrzeugen kommen kann. Meist sind die Reparaturkosten sehr hoch, wie z. B. eine Ölabdichtung, wenn Öl aus dem Fahrzeug läuft, kostet 4.000,- €. Eine Abdichtung des Autos bei Herauslaufen von Kühlwasser kostet etwa 2.000,- €. Fällt bei einem Kfz eine Motorreparatur an, werden von 1.000,- € aufwärts berechnet. Verschleißteile bei einem Markenfahrzeug belaufen sich, ist das Auto bereits sieben Jahre alt, auf 2.000,- €. BMW hat eine Kette statt einem Zahnriemen, deshalb braucht bei einem BMW kein Zahnriemen bei einer bestimmten Kilometerzahl gewechselt werden. Die Kosten für einen Zahnriemenaustausch betragen je nach Werkstatt etwa 700,- €. Warum werden Autos nicht so gebaut, dass sie 10 Jahre ohne teure Reparaturen halten. Das wäre locker machbar in der heutigen Zeit. Es wird aber von der Autoindustrie nicht gewollt, also hat der Autofahrer sogar heutzutage noch einen großen Nachteil. Aber nicht nur der Autobesitzer ist im Nachteil, nein auch die Natur, weil Autos und deren Ersatzteile, bei Reparaturen, verschrottet werden müssen. Bei der jetzigen Anzahl an Autos, die sich am Weltmarkt befinden, hat unsere Natur schlechte Aussichten. Der Mensch und die Natur sind nach wie vor der Trottel wenn es um die Steigerung der Wirtschaft geht. Damit gerade junge und unerfahrene Auto-Erwerber keinen Nachteil haben, und nicht übers Ohr gehauen werden, wäre EIN großer, guter Gebrauchtwagenhandel in jeder Stadt erstrebenswert. Dieser große Autohandel sollte nur qualitativ gute Fahrzeuge im Sortiment haben. Sicher müssen kleine Autohändler auch ihre Chance am Markt haben. Solche Selbstständige sollten aber dann jene Vorschriften einhalten müssen, die sie dazu bringen, dass der Autokäufer nicht in die Pfanne gehauen wird. Was teure Reparaturen betrifft, so muss es das Ziel sein, dass in Zukunft immer mehr Autos so gebaut werden, dass sie 10 Jahre halten, mit hochwertigen Bauteilen bei der Herstellung. Teure Reparaturen am Fahrzeug sind dann nicht mehr nötig. Vor vielen Jahren und beispielweise an einem alten 190er Mercedes hat der Mensch noch Freude an seinem Automobil gehabt. Ein Automobil hielt früher wesentlich länger und es musste nur wenig reparieren lassen. Da müssen wir wieder hin, sonst sind Mensch, aber auch Natur betrogen.

Eine Fachwerkstatt, die bescheinigt, dass das Auto gar nicht gut ist, das man gerade gekauft hat?! Die scheinheiligen Autoverkäufer sollen ihre unbrauchbaren Autos zurücknehmen, das ist das Ziel der Zukunft. Es gibt Leute, die haben nicht die Möglichkeit, sich überall und in allen Bereichen beim Kraftfahrzeug auszukennen. Nicht alle haben die Zeit, sich ausreichend schlau zu machen vor sie ein Auto kaufen. Diesen Teil der Bevölkerung haut man übers Ohr. Existenzen werden ruiniert, wie z.B. Taxiunternehmen, Mietwagenfirmen oder Fuhrunternehmen aller Art. Privatleute sind aufgrund solcher Schlupflöcher, den betrügerischen Autohändlern UNSER STAAT ermöglicht, hoch verschuldet. Versteckte Mängel, die Autos haben können, müssen vom Erwerber eines Autos übernommen werden, obwohl dies ganz klar Sache des Autoverkäufers ist. Die Autoverkäufer haben für gut laufende Kraftfahrzeuge zu sorgen, die sie verkaufen wollen.

Und wieso dann nicht gleich ein vernünftiger Gebrauchtwagen-markt in jeder Stadt, vom Staat vorgeschrieben?

Die „andere" Betrachtungsweise über meine Heimatstadt:

Gediegenere, hoch in der Einrichtung und was die Musik betrifft für die anspruchsvolle Gesellschaft, wie Studenten, Künstler usw. sollen entstehen. Die Gebäude, die man bauen müsste, an der Fußgängerzone beim Marktplatz wären, um den Platz dafür zu schaffen, abgerissen werden, aber sie fallen unter Denkmalschutz. Infolgedessen kann man, um das Stadtbild zu verbessern und um für die Jugend etwas zu tun, eine gediegene, anspruchsvolle Kneipe in diesen großen vorhandenen Gebäude einbauen, einrichten und gestalten. Durch Herauskaufen der jetzigen Mieter oder Eigentümer und durch Unterbreiten eines Angebots, das beinhaltet, wo sie auch gut weitermachen können, wäre die erste Hürde genommen. Die Kneipe für anspruchsvolle Gäste würde ich im schon vorhandenen Gebäude mit Eingang in Richtung Marktplatz errichten. Das große, altertümliche Gebäude hat eine Länge von etwa 30 Metern. An der Seite dieses Gebäudes können weitere Kneipen in anderer Stilrichtung eingebaut werden. Und zwar noch zwei oder drei an der Zahl. Am anderen Ende des riesigen langen Gebäudes könnte eine zweite, gut gehende, noch fehlende Table-Dance-Bar eingerichtet werden. Es muss keine Table-Dance-Bar sein. Mit einer kleinen Diskothek, wie ich sie einmal in Sottomarina, das ist eine kleine Hafenstadt in Italien, gesehen habe, ist schon viel erreicht. In dieser Diskothek waren einige junge, talentierte und hübsche Damen als Tänzerinnen engagiert. Das gefällt den jungen Stadtbewohnern und denen, die die Stadt besuchen. Sind gute Tänzerinnen in der Diskothek vorhanden, läuft der Laden.
In jeder Stadt in Deutschland gibt es einiges zu optimieren. In Memmingen fehlt es hauptsächlich an Kompetenz für eine Optimierung und Aufwertung der Beliebtheit der Stadt. Erreicht werden kann dies, indem man einfach nur einmal die Leute fragt, die in der Stadt wohnen. Ich mache das hin und wieder in meinem

Taxi beim Taxifahren. Die Leute jammern, dass es zu wenig Wohnungen gibt oder dass man sehr lange auf eine Wohnung warten muss. Die Leute sagen, dass man in Memmingen überhaupt nicht gut weggehen kann. Das Freizeitangebot ist sehr begrenzt in Memmingen. Gut, das habe ich von einem Fahrgast noch nicht gehört, aber was macht zum Beispiel jemand, der gerne badet oder gerne in eine Dampfgrotte geht oder bei schlechtem Wetter in einem beheizten Becken im Freien schwimmen will. Er muss 35 km fahren, bis er das nächste Freizeitbad erreicht. Das ist für viele Bürger zu mühsam. Statt einem Freizeitbad wurde in Memmingen eine Eislaufhalle errichtet. Schlittschuhlaufen ist nicht gerade die Freizeitbeschäftigung Nummer Eins. Ein großes beeindruckendes Gefängnis, wovon die Leute Respekt haben und eine Kirche, die einer Kathedrale ähnelt, das bringt einen Charakter in die Stadt. Oder warum nicht gleich eine richtige, gotteswürdige Kathedrale. Man kann ja einmal mit dem Bau beginnen. Dann sieht man, wie weit man kommt. Bäume müssen überall wo es schön aussehen soll, gepflanzt werden und das Abholzen der Bäume muss endlich beendet werden. Es sei denn, das Abholzen findet irgendwo im Schwarzwald statt, wo sowieso kein Mensch hinkommt. Der Baum auf dem kommenden Bild ist nicht abgeholzt worden. Er ist auf natürlichem Wege morsch und alt geworden und liegt deshalb am Boden.

Kreta-Urlaub im Jahr 2013, während der Betreuung, keine Spur von Betreuungs-Notwendigkeit. Aber wer versteht schon die Gerichte. Vielleicht kommt alles einmal auf die Gerichte zurück. Wer Wurzeln hat wie ich, weiß was Recht und Unrecht ist.

Bernd Schubert, 07.08.2015

Rechtsanwälte, die ich Ihnen wärmstens empfehlen kann:

Michael Nissle, Memmingen
Thomas Reiser, Senden
Christian Vad, Memmingen
Prof. Dr. Ekkehart Reinelt, Karlsruhe

Ich mochte keinem mit meinen Kritiken schaden, ich mochte nur, dass es ein gutes Buch wird. Ich hoffe, dass mein Buch einen hohen Unterhaltungswert für Sie als Leser hatte. Und vielleicht kann hier und da im Alltag sowie in den Städten und ihren Ämtern, das auf was es ankommt, verbessert werden.

Informationen an Politiker und ans Bundesverfassungsgericht:

Sehr geehrter Herr Prof. Dr. Kirchhof,

beigefügt erhalten Sie mein neu erschienenes Buch „Die Betreuung eines Bankkaufmanns".

Ich hoffe, Sie finden Gefallen daran.

Mit freundlichen Grüßen

Bernd Schubert

Anlage
Buch

Noch keinen Verlag – Nur Manuskript

Auch ging das Schreiben an:

Frau Prof. Dr. Dr. h.c. Baer,
Herr Müller,
Frau Prof. Dr. Britz,
Herr Prof. Dr. Gaier,
Herr Prof. Dr. Eichberger,
Herr Wilhelm Schluckebier,
Frau Kessal-Wulf,
Frau Hermanns,
Herr Prof. Dr. Paulus,
Herr Prof. Dr. Voßkuhle,
Frau Prof. Dr. König,
Herr Prof. Landau,
Herr Prof. Dr. Masing,
Herr Prof. Dr. Huber,
Herr Dr. Maidowski,

Büro des Präsidenten:
Im Namen von Herrn Präsidenten bedanke ich mich sehr für die Zusendung Ihres Buches an ihn, für das Sie offensichtlich viel Zeit aufgewendet haben.
Mit allen guten Wünschen für Sie aus Karlsruhe.

Allgemeines Register:
Ihre an die Bundesverfassungsrichterin Hermanns und die Bundesverfassungsrichter Prof. Dr. Huber und Prof. Dr. Paulus gerichteten Schreiben sind hier eingegangen.
Haben Sie bitte Verständnis dafür, dass es angesichts der hohen Arbeitsbelastung den Richtern des Bundesverfassungsgerichts nicht möglich ist, alle Schreiben selbst zu beantworten. Auftragsgemäß danke ich für Ihre Ausführungen, die hier zur Kenntnis genommen wurden. MfG

Sehr geehrter Herr Kauder,

mein neues Buch „Die Betreuung eines Bankkaufmanns" ist nun auf dem Markt.
Da das beigefügte Buch auch im politischen Bereich Gewicht hat, freue ich mich, es Ihnen heute überreichen zu dürfen.

Vielleicht können Sie ein bisschen Werbung machen für mein Buch.
Eventuell so in der Art, dass ich noch nicht in allen Bereichen beim Schreiben so gut bin, aber dass bei den Themen der Nagel auf den Kopf getroffen ist.

Mit freundlichen Grüßen

Bernd Schubert

Anlage
Buch

Noch keinen Verlag – Nur Manuskript

Sehr geehrte Frau Dr. Merkel,

mein neues Buch „Die Betreuung eines Bankkaufmanns" ist nun auf dem Markt.
Da das beigefügte Buch auch im politischen Bereich Gewicht hat, freue ich mich, es Ihnen heute überreichen zu dürfen.

Vielleicht können Sie ein bisschen Werbung machen für mein Buch.

Eventuell so in der Art, dass ich noch nicht in allen Bereichen beim Schreiben so gut bin, aber dass bei den Themen der Nagel auf den Kopf getroffen ist.

Ich wünsche einen schönen Arbeitstag.

Mit freundlichen Grüßen

Bernd Schubert

Anlage
Buch

Noch keinen Verlag – Nur Manuskript

Bundeskanzleramt:
Bundeskanzlerin Dr. Angela Merkel hat mich gebeten, Ihnen für Ihr Schreiben vom 16. Oktober 2015 und das beigefügte Buch „Die Betreuung eines Bankkaufmanns" zu danken.
Ihre Ausführungen wurden aufmerksam aufgenommen. Allerdings wird um Verständnis gebeten, dass aus grundsätzlichen Erwägungen für Ihr Buch nicht geworben werden kann.
Die Bundeskanzlerin wünscht Ihnen alles Gute. MfG

Bernd Schubert   Memmingen, 20.11.2019
Braunstraße 37
87700 Memmingen

Bundesverfassungsgericht
Postfach 1771

76006 Karlsruhe

Gesetze

Sehr geehrte Damen und Herren,
sehr geehrter Herr Prof. Dr. Andreas Voßkuhle,

wollen Sie nicht einmal gescheite Gesetze machen?

Sehen Sie, was macht es für einen Sinn, wenn ich ein Fahrzeug kaufe, das dann nach einem halben Jahr kaputt ist.

Fahrservice Schubert

Die Allgemeine Ortskrankenkasse und auch weitere
Krankenkassen bezahlen nur was sie müssen an die
Taxiunternehmer und Mietwagenunternehmer...

Es dauert nicht lange, dann ist ein Taxi-/Mietwagenunternehmer
zahlungsunfähig.

(Fahrservice Schubert 2006-2007)

Heute wollte ich einen Ausdruck mit meinem neuen Drucker
(Epson) machen. Ich konnte aber nicht drucken, da die blaue
Patrone leer war.

Den "Vergleich", den ich meiner Bank zusenden wollte, konnte
ich somit nicht drucken. Der Drucker druckt nicht in schwarz
oder graustufen, wenn die blaue Patrone nicht voll ist.
Ich sendete dann meiner Bank das Schreiben (ohne Unterschrift)
übers Internet. Der Vergleich ist eine harte Angelegenheit für
mich, da easy credit mich in die Schuldenfalle tappen ließ, dies
aber vor einem viertel Jahr noch nicht absehbar gewesen ist.

Zurückkommend auf mein Taxiunternehmen. Man wird übers
Ohr gehauen, wenn man Reifen kaufen möchte - sie sind zu teuer.
Ebenfalls übers Ohr gehauen wird man, wenn man einen Service-
Check machen lassen möchte, denn bezahlen soll der Unter-
nehmer dann auch Sachen, wie ein Ölwechsel, der noch gar nicht
nötig ist, ...

Der Unternehmer wird vor eine Rechnung gesetzt, sei es nun der Ölwechsel oder sei es eine Reparatur, die nicht endet - Andauernd weitere Reparaturtermine.

Heute möchte ich Ihnen ein Werk (Buch) übersenden, das an meine Bankzeit erinnert. Es verhielt sich damals so:

Filialen werden geschlossen - vorher werden Bankmitarbeiter von den Beratern schlecht beurteilt, so auch ich, und entlassen.

Das ist heute nichts anderes, wenn man ein Taxi-/Mietwagenunternehmen eröffnet und dann führt. Zunächst kommt der Einbau des Taxameters und des Taxialarms, bei dem ein Rechnungsbetrag von ca. 1.500 € herauskommt.

Auch ergeben sich beim Eröffnen eines Unternehmens eines Taxi-/Mietwagenunternehmers folgende Kosten:

Mietwagen-Genehmigung	100,00
Fahrzeug-Zulassung	20,00
Eintragung Mietwagen/Taxi	50,00
Gutes Auto	10.000,00
Mietwagen/Taxi - Beschriftung	100,00

10.270,00 €

Dann zieht die AOK oder eine andere Krankenkasse die Hälfte des dem Taxi-/Mietwagenunternehmers zustehenden Geld ab - Der Unternehmer fährt so gut wie um sonst. Übrig bleiben dann 3.000,00 €.

Von den 3.000,00 € zieht der Unternehmer dann schon einmal 1.000,00 € auf seinem Papier fürs Finanzamt ab.

Für 2.000,00 € sollen dann noch bei Wintereinbruch teure Winterreifen eingekauft werden. Winterreifen, dann man für den halben Betrag bekommen kann.
Aber das Reifenverkaufende Unternehmen schlägt so viel auf den Preis, berücksichtigt man bei dessen Umsatz alle geprellten Kunden, dass es 3 x im Jahr Urlaub auf Kuba machen kann.

In der Summe bleibt den Unternehmern nichts übrig.

Ich würde mich gerne Selbstständig machen, weil ich es kann. Meine 2 Renten kann ich behalten, wenn ich auf 400,00 Basis teilweise fahre und Chef des Unternehmens bin.

Nicht nur das Gesetz des Taxi-/Mietwagenunternehmers soll geändert werden. Auch nicht nur das Gesetz des Beseitigens von Betrügern (Gefängnis). Nein auch Gesetze, die Banken daran hindern, dass Bankkunden in die Schuldenfalle tappen und Gesetze bei denen Kunden sämtlicher Unternehmen, wie schon erwähnt, über den Tisch gezogen werden.

Dann wäre Deutschland angesehen.

Ob ich mich nun politisch (Bücher - Books on Demand Norderstedt Hamburg) weiter engagiere, oder ob ich vielleicht doch noch Taxi-/Mietwagenunternehmer werde, weiß ich nicht. Die Selbstständigkeit ist natürlich auch Abhängig von einer Zuteilung einer Genehmigung meiner Heimatstadt). Man kann nicht vorausschauen, aber man kann Dinge in die Wege leiten - Sie liebes Bundesverfassungsgericht, auch unsere Politiker.

Vielen Dank für Ihre Zeit, Ihr Bemühen und Ihre Arbeit.

Einen schönen November noch und schon einmal ein frohes Weihnachtsfest.

Ihr Buchautor

Bernd Schubert
Taxi-/Mietwagenunternehmer i.R.

Ihre E-Mail ist beim Bundesverfassungsgericht Karlsruhe eingegangen.

Dieser Kommunikationsweg steht ausschliesslich fuer Verwaltungsangelegenheiten zur Verfuegung.

Es wird darauf hingewiesen, dass mit diesem Kommunikationsmittel Verfahrensantraege oder Schriftsaetze nicht rechtswirksam eingereicht werden koennen. Sollte Ihre Nachricht einen entsprechenden Schriftsatz beinhalten, ist eine Wiederholung der Uebermittlung mittels Telefax (Nr.: 0721-9101382) oder auf dem Postwege unbedingt erforderlich.

Sonstige Anfragen und andere Anschreiben per E-Mail koennen nur bei Angabe einer postalischen Adresse beantwortet werden.

Personenbezogene Informationen (bspw. Name, Vorname, Anschrift, E-Mailadresse usw.), die Sie uns uebermitteln, werden von uns ausschliesslich zum Zwecke der Bearbeitung Ihres Anliegens bzw. Ihrer Eingabe verarbeitet. Rechtsgrundlage ist Art. 6 Abs. 1 S. 1 lit. e DSGVO i.V.m. Â§ 3 BDSG. Weitere Informationen zum Schutz Ihrer personenbezogenen Daten nach Art. 13 und 14 DSGVO finden Sie in unserer Datenschutzerklaerung, die Sie auf unserer Internetseite ueber den Button â€žDatenschutzâ€œ erreichen. Auf Wunsch koennen Ihnen diese Informationen auch in Papierform zugesendet werden.

Dies ist eine automatisch erstellte Rueckantwort.

Kapitel 13
Situation mit dem Fahrservice Schubert

Eine Nachzahlung von der AOK wäre doch eine Neuerung.

Wie soll ein Taxi-/Mietwagenunternehmer denn hochkommen?

xxxxxxxxxxxxxxxxxxxxxxxxxxxxxxxxxxxxxxxxxxxxxxxxxxxxxxxx
xxxxxxxxxxxxxxxxxxxxxxxxxxxxxxxxxxxxxxxxxxxxxxxxxxxxxxxx
xxxxxxxxxxxxxxxxxxxxxxxxxxxxxxxxxxxxxxxxxxxxxxxxxxxxxxxx

Gerecht ist es doch, wenn jeder sein Geld erhält. Die Unternehmer in meiner Branche bekommen aber nicht ausreichend Lohn für die Arbeit, die sie leisten. Immer müssen diese täglich erreichbar sein und alle Kunden zufrieden stellend fahren. Unglückliche Kunden können sich beschweren und im schlimmsten Fall kann das das Ende des Unternehmens sein. Jeder Unternehmer in der Taxibranche muss viel ausgeben für Reifen, Fahrzeuge, Gebühren für An- und Abmeldungen, Taxischild, Taxizähler, Taxialarm, Taxifolie hellelfenbein.

Und wer bekommt die Gelder, wenn sie nicht der Taxi-/Mietwagenunternehmer bekommt?

Natürlich die Krankenkasse, die immer noch größere Gebäude baut mit Parkplätzen für sämtliche Sozialversicherungs-fachangestellten und Kunden der Krankenkasse. Dagegen baut sich der Taxi-/Mietwagenunternehmer schon einmal Stoffsitze ins Fahrzeug, denn Ledersitze sind nicht mehr drin. Die von der Krankenkasse vorgeschriebene Klimaanlage im Auto kann sich der Taxi-/Mietwagenunternehmer irgendwann auch nicht mehr

133

leisten. Das hat zur Folge, dass die Krankenkasse einem anderen Taxi-/Mietwagenunternehmer die Aufträge gibt.

Es sind nun Gelder, der Wille, das Unternehmen zu eröffnen und am besten die Taxikonzession vorhanden, dann steht der Eröffnung aber doch noch etwas im Weg. - Die Konkurrenz - . Es wird geschmiert, es wird dem anderen Taxiunternehmer Rücksichtslosigkeit und Unfreundlichkeit entgegengebracht. Das hat der neue Unternehmer aber nicht verdient. Entweder rührt dieses Verhalten von der nicht ausreichenden Entlohnung durch Krankenkassen und sonstige her oder der ein oder andere Unternehmer ist fehl am Platz.

Wo ist die Gerechtigkeit? Ein Taxiunternehmen zahlt 7 % Steuer für seine Arbeit. Ein Mietwagenunternehmen bezahlt 19 % an den Fiskus. Es wird die gleiche Arbeit verrichtet. Einzige zwei Unterschiede: Das Taxischild auf dem Dach und die Berechtigung, am Bahnhof zu stehen.

An einem Taxiunternehmen hängt man. Täglich ist der Unternehmer pünktlich bei der Arbeit. Der Unternehmer ist zuversichtlich und höflich zu seinen Fahrern und Kunden. Der Taxiunternehmer weiß, wenn das Geld der Krankenkassen und sonstigen Instituten nicht auf dem Konto eingeht, macht ihm die Bank das Konto zu und der Unternehmer kommt in die Arbeitslosigkeit. Dort kann er dann Gleichgesinnten seine Geschichte erzählen. Das macht keinen Spaß, glaubt mir.

Also ist das A und O, dass das Unternehmen gut vorbereitet ist auf schlechte Zeiten und immer solvent ist. Memmingen hat im Vergleich zu weiteren Städten in der Bundesrepublik den Nachteil, dass es in Bayern liegt und damit schlecht zahlende Krankenkassen beherbergt. In ganz Bayern haben sich

Krankenkassen zusammengeschlossen und Verträge gestaltet, die Taxiunternehmer in den Bankrott treibt, da sie nur die Hälfte bezahlen.

Taxiunternehmer wollen arbeiten, aber das zu gerechten Konditionen. Vors zu spät ist, sollte gehandelt werden.

Sollte ich in nächster Zeit die Taxikonzession von der Stadt erhalten, ich stehe an 1. Stelle der Warteliste, kann ich mit den Voraussetzungen, die mir die Bundesregierung gibt, kein Taxiunternehmen eröffnen. Niemand würde in der heutigen Zeit, wo Geld so lebensnotwendig ist, mit einem Unternehmen anfangen, wobei er mit großen Fahrten (Krankenkassen) nur den halben Lohn erhält und wo am Wochenende die jungen Leute gar nicht weggehen. Discotheken sind so gut wie ausgestorben. Ich kann mir dann nur noch am Bahnhof einen Kundenstamm aufbauen, aber das sind zu wenig Taxikunden, wenn man sie auf 18 Taxis aufteilt.

Mit einer Erbschaft von meinen Eltern kann ich mir ein Taxiunternehmen aufbauen, aber da kommt das Gegenargument, dass sich bei dem jetzigen Markt ein Taxiunternehmen nicht lohnt. Bei den Ausführungen, die ich erläutert habe, ergibt sich am Monatsende weder Gewinn, noch Rentabilität. Man fährt für nichts. Für die Krankenkassen fährt man um sonst. Für die Stadtbewohner hält man ohne Gewinnerzielung sein Taxi 24 Stunden bereit. Es muss das Telefon bedient werden, das Fahrzeug gesäubert und herausgesaugt werden, das Taxi muss dauernd auf Mängel überprüft werden, die Kunden müssen zuverlässig nach Hause gefahren werden - aber es kommt kein

Gewinn für das Unternehmen heraus.

Ich fuhr zu meiner Taxi - Zeit einen Fahrgast von einer Diskothek nach Hause und der Gast erzählte mir etwas. Es sei nicht rentabel, wenn für einen Fahrer weniger als 1.000 € herauskommen. Dieser Ex-Unternehmer hatte früher 35 Fahrzeuge, also 35 Konzessionen. So ein Unternehmen gibt man nicht auf. Allein, wenn man die Größe des Unternehmens betrachtet, so würde nur ein Wahnsinniger das Unternehmen schließen.

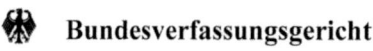

Bundesverfassungsgericht

- Büro des Präsidenten -

Bundesverfassungsgericht ◆ Postfach 1771 ◆ 76006 Karlsruhe
Herrn
Bernd Schubert
Gerberplatz 5
87700 Memmingen

Aktenzeichen	Bearbeiter/in	☎ (0721)	Datum
	Fr. Hofmann-Storck	9101-313	15.02.2017
(bei Antwort bitte angeben)			

Bücher

Sehr geehrter Herr Schubert,

Herr Präsident hat mich gebeten, Ihnen für Ihre übersandten Bücher zu danken und gleichzeitig zu antworten.

Schon aus den Klappentexten der Bücher ist zu erfahren, dass Sie ein engagierter Bürger und Mensch sind, der für die Sache und auch für seine Werte überzeugend einsteht; für diese Stärke und dieses Engagement können wir nur gebührenden Respekt zum Ausdruck bringen. Gleichwohl muss ich Sie um Verständnis dafür bitten, dass wir Ihnen Ihre Bücher zurücksenden. Herrn Präsidenten wie auch den übrigen Verfassungsrichter/Innen ist es grundsätzlich verwehrt, Geschenke oder ähnliches anzunehmen.

Mit der Bitte um Verständnis und freundlichen Grüßen aus Karlsruhe

(Andrea Hofmann-Storck)
- Büroleiterin -

Anlage: 4 Bücher

Dienstgebäude: Schloßbezirk 3, 76131 Karlsruhe
Postfach 1771, 76006 Karlsruhe
Telefon 0721/9101- 313 ◆ Telefax 0721/9101-700
e-mail: ahofmann@bundesverfassungsgericht.de

Memmingen - Siebendächerhaus und das
Bundesverfassungsgericht (Gemälde)

141

Kapitel 14

Meine Gemälde in den Volksbanken-Raiffeisenbanken /
Sparkassen

Bernd Schubert
Braunstraße 37
87700 Memmingen
geb. 16.04.1977

Volksbanken-Raiffeisenbanken

Sehr geehrte Damen und Herren,

ich füge Ihnen heute ein Foto von meinem Gemälde "Goldmine"
mit diesem Schreiben bei. Mein Vorschlag ist es:

"Das Gemälde in Ihren Volksbanken-Raiffeisenbanken-
Geschäftsräumen aufhängen zu lassen" Sie erhalten dann von mir
eine Farbkopie des Gemäldes, auf der beigefügten Datei sehen
Sie nur das Bild wie es mit Blitz fotografiert ist. Also etwas
schlechter als das Original.

Das Gemälde wird Ihren Mitarbeiterinnen und Mitarbeitern
gefallen. Es kann aber auch den ein oder anderen Bank-Kunden
zum Kauf von Gold (Münzen usw.) bringen.

Überlegen Sie gut - Nicht dass das Gemälde als sehr gute
Farbkopie bei der Konkurrenz, der Sparkasse, aufgehängt wird.

Ich möchte mir auch einfach als Maler einen Namen machen.

Schlagen Sie mir, sehr geehrte Damen und Herren, einen Preis vor, den Sie pro sehr guter Farbkopie des Gemäldes bezahlen möchten.

Mit freundlichen Grüßen

Bernd Schubert

Anlage
"Gemälde Goldmine"

Sehr geehrter Herr Schubert,

vielen Dank für Ihr Angebot. Unsererseits besteht derzeit kein Interesse.

Mit freundlichen Grüßen
Claudia Mieke-Boldt

Bundesverband der Deutschen Volksbanken
und Raiffeisenbanken e.V. - BVR
- Assistenz Presse/Kommunikation -
Schellingstraße 4
10785 Berlin
Tel.: +49 30 2021-1301
Fax: +49 30 2021-1905
E-Mail: c.Mieke-Boldt@bvr.de
Notes-Mail: Claudia Mieke-Boldt/BVR@BVR
http://www.bvr.de

Bernd Schubert
Braunstraße 37
87700 Memmingen

Sparkasse

Sehr geehrte Damen und Herren,

ich füge Ihnen heute ein Foto von meinem Gemälde "Goldmine"
mit diesem Schreiben bei. Mein Vorschlag ist es:

"Das Gemälde in Ihren Sparkassen-Räumen aufhängen zu lassen"
Sie erhalten dann von mir eine Farbkopie des Gemäldes, auf der
beigefügten Datei sehen Sie nur das Bild wie es mit Blitz
fotografiert ist. Also etwas schlechter als das Original.

Das Gemälde wird Ihren Mitarbeiterinnen und Mitarbeitern
gefallen. Es kann aber auch den ein oder anderen Sparkassen-
Kunden zum Kauf von Gold (Münzen usw.) bringen.

Überlegen Sie gut - Nicht dass das Gemälde als sehr gute
Farbkopie bei der Konkurrenz, der Volksbank, aufgehängt wird.

Ich möchte mir auch einfach als Maler einen Namen machen.

Schlagen Sie mir, sehr geehrte Damen und Herren, einen Preis
vor, den Sie pro sehr guter Farbkopie des Gemäldes bezahlen
möchten.

Mit freundlichen Grüßen

Bernd Schubert

Anlage
"Gemälde Goldmine"

Sehr geehrter Herr Schubert,

vielen Dank für Ihre E-Mail. Sie haben diese an die zentrale
Service-Adresse von Sparkasse.de gesendet.
Das Portal stellt dem Internet-Nutzer alle Online-Aktivitäten der
ungefähr 400 eigenständigen Sparkassen und ihrer Verbundpartner zur Verfügung.

Im Gegensatz zu nationalen Großbanken handelt es sich bei den
Sparkassen um regionale und autarke Kreditinstitute, die in
Verbänden organisiert sind.
Die Sparkassen-Finanzportal GmbH, Betreiber von Sparkasse.de,
ist Internetpartner der Sparkassen und selbst kein Kreditinstitut
und auch keine den Sparkassen übergeordnete Institution.
Als Verbundpartner der Sparkassen können wir zu Ihrer Anfrage
darum leider keine direkte Bearbeitung vornehmen.

Da Ihr Anliegen nur von Ihrer kontoführenden bzw. der Sparkasse vor Ort bearbeitet werden kann, bitte ich zur Beantwortung weiterer Fragen um direkte Kontaktaufnahme zu Mitarbeiterinnen und Mitarbeiter Ihrer Sparkasse vor Ort.

Diese finden Sie auf www.sparkasse.de mit Hilfe der Suchfunktion unter "Ihre Sparkasse". Sollten Sie nicht bereits Ihrer Sparkasse zugeordnet sein, ordnen Sie sich bitte Ihrer Sparkasse, mit Klick auf "Andere Sparkasse auswählen" zu. Über "E-Mail-Kontakt" können Sie direkt mit Ihrer Sparkasse in Verbindung treten.
Über "Zu Ihrer Sparkasse" werden Sie zu Ihrer Sparkasse weitergeleitet.
Dort finden Sie einen Link mit dem Hinweis "Kontakt", so dass Sie direkt mit Ihrer Sparkasse über Mail in Verbindung treten können.

Vielen Dank!

Mit freundlichen Grüßen

J. Pfeiffer
Support Application & Tools

Sparkassen-Finanzportal GmbH

Bernd Schubert
Braunstraße 37
87700 Memmingen
geb. 16.04.1977

Sparkasse Memmingen

Sehr geehrte Damen und Herren,

ich füge Ihnen heute ein Foto von meinem Gemälde "Goldmine" mit diesem Schreiben bei. Mein Vorschlag ist es:

"Das Gemälde in Ihren Sparkassen-Räumen aufhängen zu lassen" Sie erhalten dann von mir eine Farbkopie des Gemäldes, auf der beigefügten Datei sehen Sie nur das Bild wie es mit Blitz fotografiert ist. Also etwas schlechter als das Original.

Wie sie weiter unten in der E-Mail ersehen können, ging das Schreiben zuerst an die E-Mail-Adresse der Zentrale der Sparkasse in Berlin (diese Seite steht aber nur Kunden für Online-Aktivitäten zu Verfügung).

Dieses Schreiben wegen des Gemäldes ist nun nicht direkt für die Sparkasse Memmingen-Lindau-Mindelheim gedacht, es sei denn Sie hätten auch Interesse, sondern für den obersten Vorstand der Sparkasse. Können Sie mein Schreiben bitte weiterleiten, so wie es ein Angestellter des Sparkassen-Internet-Auftritts vorgeschlagen hat (siehe Schreiben unten).

Das Gemälde wird Ihren Mitarbeiterinnen und Mitarbeitern gefallen. Es kann aber auch den ein oder anderen Sparkassen-Kunden zum Kauf von Gold (Münzen usw.) bringen.

Überlegen Sie gut - Nicht dass das Gemälde als sehr gute Farbkopie bei der Konkurrenz, der Volksbank, aufgehängt wird. Ich möchte mir auch einfach als Maler einen Namen machen.

Schlagen Sie mir, sehr geehrte Damen und Herren, einen Preis vor, den Sie pro sehr guter Farbkopie des Gemäldes bezahlen möchten.

Mit freundlichen Grüßen

Bernd Schubert

Anlage
"Gemälde Goldmine"

Gemälde "Goldmine"

Das Schreiben an die Sparkasse Memmingen blieb
unbeantwortet.

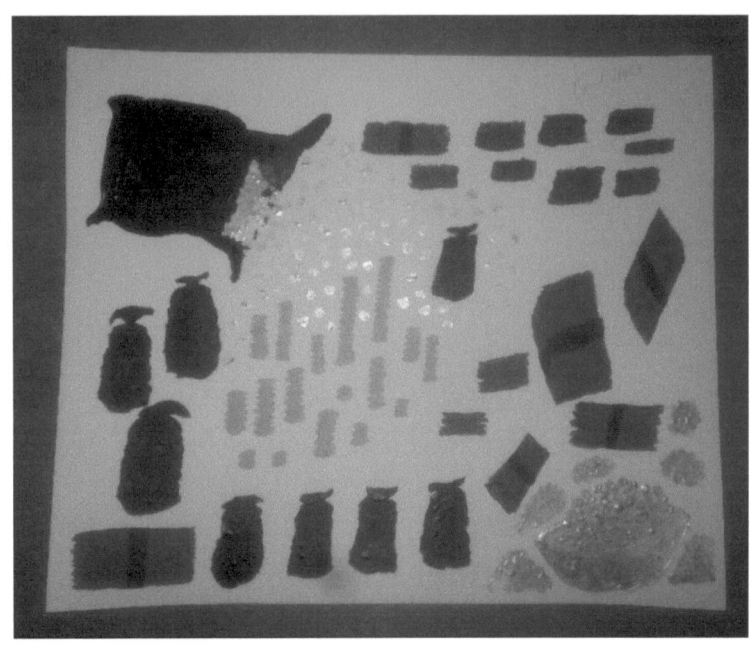

Das Geld, von dem wir alle träumen

Kapitel 15

Was wäre, wenn ich eine Taxikonzession in Neu-Ulm hätte?

PROF. DR. REINELT & DR. GENIUS
RECHTSANWÄLTE BEIM BUNDESGERICHTSHOF

PROF. DR. REINELT & DR. GENIUS • BISMARCKSTR. 83, 76133 KARLSRUHE

Herrn
Bernd Schubert
Erfurter Straße 81
87700 Memmingen

PROF. DR. EKKEHART REINELT
E-MAIL: reinelt@bghanwalt.de
DR. BARBARA GENIUS
E-MAIL: genius@bghanwalt.de

BISMARCKSTRASSE 83
76133 KARLSRUHE

TELEFON: 0721 / 94 26 96-0
TELEFAX: 0721 / 94 26 96-20
E-MAIL: kanzlei@bghanwalt.de

Karlsruhe, 29. Juni 2010

Schadensersatzklage / Betreuungsverfahren

Sehr geehrter Herr Schubert,

wir bedanken uns für Ihr Schreiben vom 4. Juni 2010. Das uns angetragene Mandat können wir leider nicht übernehmen. Unsere Tätigkeit beschränkt sich auf Rechtsmittel zum Bundesgerichtshof im Anschluss an Berufungs- oder Beschwerdeverfahren. Mit Ihrem Anliegen – Schadensersatzklage, Aufhebung der Betreuung – müssen Sie sich daher zunächst an einen bei den Instanzgerichten zugelassenen Anwalt wenden.

Die uns überlassenen Unterlagen reiche ich zu unserer Entlastung an Sie zurück.

Ich bedaure, keine anderslautende Mitteilung machen zu können.

Mit freundlichen Grüßen

Dr. Genius
Rechtsanwältin

HypoVereinsbank (BLZ 750 200 73) Konto 609 713 712
www.bghanwalt.de

151

Wenn ganz klar ersichtlich ist, dass ich keine Betreuung in 2008 brauchte, gehe ich vors höchste Gericht (2010)

Heute ist die Betreuung aufgehoben. Das Verfassungsgericht gibt mir mit ihren Gesetzen keine Arbeit. Meine Schwester hat einen Schwarzen zum Mann, der mir nun mit den Jahren, die so vorbeigehen immer sympathischer wird. In der Schweiz verdienen beide viel Geld. Carolin hat letztens ein Kind bekommen. So bin ich Onkel Bernd geworden. Die Kleine hat von mir ein nettes Bilderbuch vom Drogeriemarkt Müller zu Weihnachten erhalten.

"frei, wie die Vereinigten Staaten"
"unbegrenzte Möglichkeiten mit einer Taxikonzession"

Ich möchte an dieser Stelle noch einmal meine große Erörterung vom März 2019 anfügen, die ausführlich die Taxikonzession und die Tätigkeit, die damit verbunden ist erklärt.

Die Taxikonzession

Es ist Januar 2019 und ich habe eine Zusage für eine Taxikonzession in der Stadt Neu-Ulm bekommen. Seit 13 Jahren warte ich auf eine Taxikonzession und ich bin immer nur aushilfsweise bei verschiedenen Taxiunternehmen Taxi gefahren. Im Jahr 2005 habe ich die für ein Taxiunternehmen benötigte Taxiunternehmerprüfung in Augsburg abgelegt. Außer dieser Prüfung brauchte ich zur Eintragung in die Warteliste für Neubewerber für eine Taxikonzession nur noch einen Taxischein und einen Führerschein, das hatte ich ja. Nun, eine Taxikonzession von einer Stadt zu erhalten, ist schon eine große Sache, zum einen kann man als Taxiunternehmer sehr viel Geld verdienen, zum anderen genießt man Ansehen bei Freunden und Kunden. So kam es dazu, ich konnte als Aushilfsfahrer kein Geld auf die Seite bekommen, dass ich mich im Internet um einen Geschäftspartner für ein Taxiunternehmen in Neu-Ulm umsah. Es meldete sich auf meine Anzeige gleich ein reicher Taxiunternehmer aus der Pfalz. Er meinte im Antwortschreiben auf die Anzeige, dass er Mercedes oder VW finanzieren kann. Damit ist dieser Unternehmer aber Teilhaber des Geschäfts und da ich mit einem Taxifahrer aus Memmingen sprach, und der mir sagte, dass ich das lieber allein machen sollte, war ich gegen einen Mitverdiener an meinem Unternehmen. Die 30.000 Euro, die ich für das Taxiunternehmen einsetzen würde, wären mir egal, versicherte mir der coole Taxifahrer. Ich für meinen Teil konnte aber nur über einen Kredit die 30.000 Euro auftreiben. Ein weiterer Taxifahrer aus Memmingen sagte zu mir im Taxi, ich brauchte am Wochenende nach einer Kneipentour wieder mal ein Taxi, dass ein junger Taxiunternehmer, der in Memmingen neu angefangen hatte (Abkauf einer Konzession) es ganz gut macht, gerade was Taxikunden betrifft. Zuvor hielt ein Taxi, das nicht für mich bestimmt war vor der Kneipe, wo ich schon wartete, und ich sprach mit dem Fahrer des Taxis. Er war der Taxiunternehmer eines Memminger Taxiunternehmens, das ich kannte. Er sagte mir im Gespräch, dass er kein Interesse an einem Unternehmen in Neu-Ulm hätte, als Geschäftspartner. Zu Hause mit dem anderen Taxi angekommen musste ich erst einmal meinen Rausch ausschlafen, den ich hatte, nachdem ich in einer Bar in Memmingen die Zuteilung der freien Taxikonzession in Neu-Ulm gefeiert hatte. Heute sagt man auch Taxigenehmigung dazu. Das Schreiben der Stadt Neu-Ulm machte mich sehr glücklich. Vor 13 Jahren, als ich die Taxigenehmigung beantragte, bewarb ich mich um eine Konzession in der Stadt Senden, Vöhringen und Illertissen zusätzlich, in Memmingen natürlich auch. Zu der Zeit führte ich ja einen Fahrservice in Memmingen. Den Fahrservice gab ich aber nach 2 Jahren wieder auf wegen Auftragseinbruch. Jetzt habe ich die Chance, in Neu-Ulm, einer Stadt mit 60.000 Einwohnern, ein Taxiunternehmen aufzumachen. Nicht nur am Bahnhof könnte ich mit dem Taxi auf Kunden warten, nein auch an weiteren Taxihalteplätzen in der Stadt, erzählte mir der Chef vom Landratsamt. Das Taxigewerbe in Neu-Ulm werde durch zusätzliche Konzessionen aufgestockt. Ich war der Glückliche. Ein alter Unternehmer in der Stadt Neu-Ulm musste schließen, dadurch wurden auch Konzessionen frei. Aber das Interessante fand ich, war, dass Taxigenehmigungen aufgestockt wurden, da die Einwohnerzahl in der Stadt gestiegen ist. Das versprach gute Zukunftsaussichten. Für ein Taxigewerbe ist es wichtig, dass "von allem" etwas in der Stadt vorhanden ist. Freudenhäuser, ein großes Schwimmbad, ein riesiges Kino und die Universitätsstadt Ulm befindet sich gleich neben dieser Stadt, für die ich eine Taxigenehmigung bekommen sollte. Basti, ein sehr guter Kumpel aus dem UNO, eine gut gehende Kneipe in Memmingen, erwiderte mir überhaupt nichts, als ich ihn fragte, ob er mit mir in Neu-Ulm Taxi fahren möchte. Er sagte mir, dass er einen super Job hätte. Klar kann man auch ohne Taxiunternehmen glücklich sein. Auch muss ich erwähnen, dass ich trotz allem nicht weiß, was auf mich zukommt. Es kann aus irgendwelchen Gründen, die ich nicht weiß, das Unternehmen nicht gehen und die eingesetzten 30.000 € sind dahin. Das ist das Risiko, das hier jeder hat. Mit einem Illertisser Taxiunternehmer habe ich mich vor zwei Tagen am Telefon unterhalten. Dieser sagte zum neuen Taxiunternehmen in Neu-Ulm: Das müsste schon gehen. Die AOK Bayern vergibt Taxifahrten nur noch zu Niedrigfahrpreisen. Das Gesetz schreibt vor, dass ein Taxiunternehmen gar nicht unter Tarif fahren darf. Da sind wir schon bei Mafiamethode Nummer Eins. Die meisten Fahrten sind ja von den Krankenkassen bei den Taxiunternehmen. Die AOK ist die größte Krankenkasse in Deutschland. Jetzt habe ich die Möglichkeit, dass entweder ein anderes Unternehmen in Neu-Ulm mich mit ihren Aufträgen mitzieht, sprich, auch mal an mich eine Fahrt weitergibt, wenn es die Fahrt nicht machen kann. Oder eine weiter Möglichkeit ist es, in die Taxigenossenschaft "Donautaxen" für 600,- € Beitrag im Jahr beizutreten. Somit hätte ich dann einen großen Anteil an Fahrten von dem Kuchen, den die Genossenschaft verteilt. Eine weitere Fahrt, z. B. nach Stuttgart wäre dann auch mal drin. Ein Taxifahrer aus Memmingen, den ich kenne, meinte zum Thema Taxigenossenschaft, dass ich das auch so, also ohne Genossenschaft und Beitrag hinkriegen kann.

Zu meiner Person, ich bin Frührentner, aber nicht balla balla. Wenn man im Leben keine Aussichten mehr hat, gibt es vieles, was passieren kann, ICH wurde in die Rente geschickt. Bildung habe ich genug. 1995 wurde ich Industriekaufmann. Bankkaufmann wurde ich im Jahr 2000. Als Taxiunternehmer habe ich mich 2005 selbst ausgebildet und habe die Prüfung bestanden. Bücher schreibe ich von 2012 bis heute über das deutsche System und über das, was ich alles erlebt habe. Mit Leichtigkeit müsste ich, die Fahraufträge vorausgesetzt, ein Unternehmen in Neu-Ulm bewältigen können. Gott habe ich des Öfteren angerufen, wo bist du, ich stehe vor dem Nichts. Eine kleine Wohnung habe ich angemietet und ein verrostetes Fahrrad besitze ich. Sonst gibt es nichts in meinem Leben. Und auf einmal kommt eine Zusage für eine Taxikonzession von einer interessanten Stadt, die mir nicht ganz fremd ist. Der Hürdenlauf verhält sich hier aber extrem. Ich kann mit einem Geschäftspartner mein Unternehmen gründen. Oder ich eröffne mein Taxiunternehmen mit Kapital, das ich mir von der Bank leihe. Mit einem Geschäftspartner gebe ich die Hälfte des Unternehmens an jemanden ab. Leihe ich mir Geld von der Bank, gehe ich das Risiko ein, dass ich überschuldet bin. Da ist es mir sympathischer, ich gründe mit einem Partner, setze nur die Konzession ein, die 30.000 € wert ist und die weiteren 30.000 € in bar, die der Geschäftspartner mitbringt, sind nicht mein Risiko. Da ich aber mit 41 Jahren schon in der Frührente bin, könnte ich als zweiter Geschäftspartner nur auf 450,- Basis arbeiten, also nur das Unternehmen leiten und ein bisschen fahren. Was ich nicht darf, ist, eine weitere Option in Erwägung zu ziehen und die wäre, meinen Partner als Inhaber umschreiben zu lassen. Das geht aber nicht.

In Ulm und Neu-Ulm gibt es die Genossenschaft Donautaxen. Dieser verteilt ihre Fahraufträge, einfache Telefonnummer, an die Taxiunternehmen in Ulm und Neu-Ulm. Im Vorstand der Donautaxen: Türke ... und ... ! Ich habe nichts gegen Türken, aber ein Türke wird immer einem Türken Aufträge geben. In Neu-

Ulm, die Stadt, in der ich ein Taxiunternehmen gründen will, hat es sehr viele türkische Taxifahrer. Das heißt, ich habe einen Nachteil, wenn ich Donautaxen beitrete.

Ich habe eine schöne Lebensversicherung, aber diese verliere ich, sollte ich mich selbstständig machen. Zum einen nimmt mir der Insolvenzverwalter die Lebensversicherung, wenn das mit dem Taxiunternehmen schief geht, die Lebensversicherung hat ja einen Rückkaufswert von über 10.000 Euro, zum anderen nimmt mir die Bank die Lebensversicherung, gebe ich die LV als Sicherheit beim Kreditinstitut ab, wenn das Unternehmen den Bach hinunter geht.

Selbst wenn die Bank, die den Kredit gewährt, nicht die Lebensversicherung als Sicherheit braucht und den Kredit ohne weiteres einräumt, habe ich ein viel zu hohes Risiko, denn wie soll ich, wenn es mit der Selbstständigkeit nichts wird 30.000-40.000 € abzahlen?

Die Taxigenehmigung wird auf mich ausgestellt, somit bin nur ich Inhaber. Des weiteren ist der Inhaber verpflichtet in Vollzeit zu arbeiten. Damit verlasse ich freiwillig die Rente und das Nichtstun. Die bekannte, große Versicherungsgesellschaft bezahlt mir bis 2037 180.000,- in Form einer BU-Rente. Von der Deutschen Rentenversicherung erhalte ich unbefristet den Hartz4-Satz. Die Rente von der DRV oder der Hartz4-Satz sind menschenunwürdig. Also lebe ich von der Bayern-Versicherung.

Eventuell wollen die Memminger einen Taxiunternehmer vor dem Jahr 2037. Es wäre ja möglich, dass die Einwohnerzahl bis dahin steigt. Dann sollte das Taxigewerbe mit Konzessionen aufgestockt werden. Vorher mache ich keinen Finger krumm.

Dies ist eigentlich meine Meinung.

Gestern war ich bei einer Taxiunternehmerin in Memmingen am Bahnhof. Ich wollte von ihr im Gespräch wissen, wie ich Werbung machen könnte für ein Taxiunternehmen in Neu-Ulm. Sie gab mir den Tipp, kleine Aufkleber auf Kugelschreiber zu kleben und dann den Kugelschreiber mitgeben. Visitenkarten druckt sie alle selber, sagte sie.

Dem Staat ist es egal, früher, zur Zeit der Könige, ist man geköpft worden, heute schicken sie die Leute in die Selbstständigkeit und wenn es nichts wird, hat man Hartz4 und man muss einen Kredit abzahlen.
Mit der Rente habe ich eine Absicherung. Wenn ich aus der Rente herausgehe und mir mit Hartz4 ein Einstiegsgeld zahlen lasse, das ganze aber schief geht, fällt der Staat über mich her mit Insolvenz, was Schwachsinn ist. Mache ich keine Insolvenz, habe ich, wie schon erwähnt Hartz4 und Kreditabzahlen. Dann habe ich in meinem ganzen Leben nie wieder Geld. Ich kann so vieles im Leben machen, ich muss nicht ein Geschäft gründen, das von vorn herein nicht laufen kann. Zum Beispiel kann ich Wirt einer Kneipe werden, da tue ich mir in Memmingen aber schwer, weil sogar der Wirt mit dem am besten gehenden Lokal schon Probleme gehabt hat.
Den Spaß habe ich, wenn ich mit meinem neuen Taxiunternehmen ein nagelneues Taxi fahre und Ansehen bei den Leuten, die mich kennen, wenn ich sage, ich habe ein neues Taxiunternehmen. Aber wenn ich mir mal anschaue, welche Kunden ich in Neu-Ulm haben werde, im Vorstand von Donautaxen sind zwei Türken, und ein Türke gibt immer einem Türken Aufträge, dann muss ich sagen, keine. Ich fange neu in Neu-Ulm an und ich gehe Kunden und Auftraggeber an, dann sagen diese, wieso soll ich Dir Aufträge geben, ich kenn Dich ja gar nicht.
Wenn das neu Gründen nicht sicher ist, kann man es vergessen.

FÜR das Taxiunternehmen spricht, dass ich sofort Arbeit habe und ich fahre gerne Taxi. Ich fahre in der Früh los an den Bahnhof und fahre meine Fahrten den ganzen Tag ab. Jetzt muss ich aber jemanden einstellen, weil nachts muss das Taxiunternehmen auch laufen und ich habe Betriebspflicht. Das heißt, dass das Taxi 24 Stunden erreichbar sein muss. So kann ich also einen 450,- Euro - Taxifahrer einstellen, dieser fährt mir dann eineinhalb Tage die Woche, bzw. in der Nacht. Was ist mit der restlichen Zeit? Dann springt ein Taxifahrer wieder mal ab, weil er was anderes machen möchte. Der nächste fährt mein Taxi an und ich muss 1.000 Euro Selbstbeteiligung bei der Versicherung selber zahlen. Und wieder einer ist nicht zuverlässig. Jetzt wird es ja dazu kommen, dass ich als absoluter Neuling mein Werk beginnen muss und ich habe gehört, dass die Memminger Taxis viel besser verdienen als die Neu-Ulmer und die Ulmer, weil diese bei ihren großen Krankenhäusern eigene Fahrzeuge haben, in Memmingen fahren alles die Taxis. Auch gibt es sehr viele Taxis in Ulm, gleich 70 Stück, diese nehmen natürlich dann auch in Neu-Ulm Fahrgäste mit. Das ganze Fahren in Neu-Ulm macht sicher sehr viel Spaß, auch im Hinblick darauf, dass Neu-Ulm außer dem Bahnhof noch weitere Taxihalteplätze in der Stadt hat, aber wenn ich dann oft immer wieder mitbekomme, wie Leute verschuldet sind und die Gesamtkosten eines Taxiunternehmens doch wahnsinnig hoch sind, dann lass ich die Selbstständigkeit in Neu-Ulm lieber sein. Ich habe alles durchgerechnet, von den Kosten, wie die Krankenversicherung für mich selbst, der Betriebsversicherung, der Rechtschutzversicherung, der 7%-igen Steuer, und und und.

Und dann noch das Taxi selbst, das neu sein sollte, damit man Garantie hat. Ca. 30.000 € werden für so ein Unternehmen benötigt, und die wären dann weg, wenn es schief geht. Die Krankenkasse AOK versteigert ihre Fahrten in Bayern im

Internet, d. h. ein Unternehmen kann zum halben Preis fahren. Die zweiten 30.000 € bringe ich zwar einfach mit ein, denn die Konzession, die ich von der Stadt erteilt bekomme, ist für mich kostenlos. Alle 50 Jahre werden vielleicht einmal Konzessionen von einer Stadt neu verteilt. Also war das für mich schon ein Glücksfall. Führe ich das Unternehmen zwei Jahre einwandfrei, darf ich die Konzession verkaufen. Das 1. Jahr in meiner Selbstständigkeit verdiene ich aber erst mal nichts.

Hätte das Unternehmen aber doch eine Chance am Markt gehabt, würde ich mich sehr ärgern. In der Washington-Allee in Neu-Ulm hätte ich eine freie Wohnung beziehen können. Es handelte sich um ein in 2012 gebautes Anwesen mit vielen kleinen Wohnungen, das im Wohngebiet Neu-Ulm steht. Meine BU-Rente und die gesetzliche Rentenversicherung würde ich auch bei gescheiterter Selbstständigkeit wieder kriegen, sagte ich mir. Den Gründerkredit würde mir die KfW, mit einer Lebensversicherung abgesichert, geben. Hierbei hat die Kreditanstalt für Wiederaufbau 80 % Haftung.

In Oldenburg wäre mein Taxi dann mit Folie beklebt worden und mit einem Taxameter und Taxialarm ausgestattet worden. Nach Oldenburg hin und wieder zurück nach Neu-Ulm wäre eine Spedition, mit dem Taxi aufgeladen, gefahren. Mit einem neuen Dacia Duster, der mit dem früheren Hummer Ähnlichkeit hat, würde ich dann am Bahnhof in Neu-Ulm stehen. Nach dem gestrigen Abend im UNO bin ich aber darauf gekommen, dass mir nach einer eventuell gescheiterten Selbstständigkeit folgende Möglichkeiten zur Verfügung stehen. Ein Betreuer wird dann mit großer Wahrscheinlichkeit die 30.000 oder 40.000 € Schulden als Insolvenzmasse beim Insolvenzverwalter eingeben. Laut Staat erhalte ich die Rente von der deutschen Rentenversicherung aber erst nach 3 Jahren, nach gescheiterter Selbstständigkeit, wieder.

Das gleiche gilt für die Bayern-Versicherung, bei der ich eine BU-Rente habe. Ganz unten angekommen würde ich vom Staat mit Mietzuschuss und Zuwendungen an Weihnachten und bei Defekt von Haushaltsgeräten leben. (Eine Selbstständigkeit hätte ich ja schon vor 13 Jahren, als ich mich überall für ein eigenes Taxi eintragen ließ. Zu der Zeit, als ich eine laufende Betreuung hatte, musste ich andauernd Prüfungen von der Bayern-Versicherung und von der DRV über mich ergehen lassen. Mit dem Betreuer konnte ich in der Zeit gerade noch eine aufgelöste Lebensversicherung wieder in Kraft setzen.)

Was mit dem Namen des Mietwagenunternehmes, mit dem Leute von A nach B gefahren worden sind, Fahrservice Schubert, so wunderbar angefangen hat, endete damals zunächst erstmal als Drama. Den "Rausch", den ich vom eigenen, unschlagbaren, tollen Taxi-/Mietwagenunternehmen 2006 und 2007 hatte, verlor ich an dem Zeitpunkt, an dem ich mittellos eine Betreuung erteilt bekam. Es war so dramatisch für mich, das Ansehen bei Bekannten und Kunden nicht mehr zu haben und als junger Mensch mit 3 gelernten Berufen auf einmal von einem Betreuer betreut zu werden. Heute habe ich mit 41 Jahren endlich erfahren, dass eine Betreuung, nachdem sich jemand vollkommen überschuldet hat, ganz gewöhnlich ist. Menschen, die Bürger mit einer Betreuung heute verachten oder links liegen lassen, haben keine Ahnung vom Leben.

Du kannst einen Geschäftsplan aufstellen, das Einstiegsgeld vom Arbeitsamt bekommen, das Kreditinstitut überzeugen, damit Du einen großen Kredit erhältst, Leute beauftragen, dass sie Dir das Auto vorbereiten, die Buchhaltung von jemandem machen lassen, aber Du bekommst in Neu-Ulm keine Aufträge. Und das Geschäftsrisiko mit einem Einstieg eines Geschäftspartners absichern, bringt auch nichts, dann hat der Taxiunternehmer nur noch den halben Gewinn und er reicht mit einem Taxi nicht für 2

Personen. Bei einer Mitgliedschaft in der Donautaxen eG, die 2 türkische Staatsangehörige als Vorstände hat, einen hohen Jahresbeitrag hat, gehe ich in die Insolvenz. Da ist dann Gefängnis noch besser, denn ich hätte zum Schluss drei Zahlungen, den Kredit, das Essen und die Wohnung. Die Lebensversicherung wird als Sicherheit für den Kredit am bitteren Ende von der Bank aufgelöst. Im Fall einer Insolvenz nimmt der Staat sämtliches dem Taxiunternehmer. Selbst ein Reicher wird, hat er die Wahl, bei einer Taxikonzessions-Zuteilung, ein Taxiunternehmen mit 1 Taxi zu eröffnen, das nicht machen. Ich kann als reicher Mann natürlich noch zwei drei Mietwagen zusätzlich zum eigenen Taxi dazukaufen, aber selbst damit wird der Neue in Neu-Ulm keinen Boden gewinnen können. Die zusätzlich zu der Taxikonzession eingesetzten 30.000 € wären verloren.

Eine liebe Taxiunternehmerin aus Memmingen hat mir so schöne die Unternehmertätigkeit beschrieben. Werbung wäre günstig zu bewerkstelligen. Sie machte mir auch klar, die AOK links liegen zu lassen, da die AOK die Unternehmen sowieso betrügt.

Auch könnte ich das Taxiunternehmen nur teilweise führen, oder nebenher noch etwas anderes machen. Die Stadt wäre nicht so streng, wäre ich einmal 2-4 Stunden nicht am Taxihalteplatz. Diese Taxiunternehmerin sagte stolz zu mir, dass sie die Taxikonzession auch nicht hergebe, sie kann mit Ihren 55 Jahren ja noch gut taxifahren. Das Gesamte des Taxigewerbes klingt herrlich, Visitenkarten kann ich selber drucken. Am Taxistand fühle ich mich wohl, gerade bei schönem Wetter. Die Gründung des Unternehmens heißt aber auch, mühsam bei der Bundesnetzagentur eine Taxitelefonnummer zu beantragen und natürlich sämtliche Versicherungen abzuschließen und das Ganze nicht halb so und halb so, sondern die Arbeitsschritte müssen stimmen. Gerade im Hinblick auf die Taxitarife, eine Erhöhung steht nächsten Monat bevor, soll sich der Taxiunternehmer an den

Preis halten, d. h. er darf nicht weniger verlangen. Eine gute Freundin von mir im UNO hätte die Buchhaltung schon übernommen, und auch stehe ich für die Angelegenheiten gerne in der Früh auf, sage ich immer und sollte die Selbstständigkeit schief gehen, kann ich einen Betreuer für meine Geschäfte beauftragen, aber dann bin ich, oder wäre Sie, wenn Sie das tun, liebe Leser, wieder ganz unten.

Selbstverständlich darf nicht eine jeder angehender Unternehmer zu einem Neuanfang nein sagen, dann haben wir in Deutschland keine Wirtschaft, doch ist es leider so, dass unser heutiges Deutschland keine vernünftigen Grundlagen für die jungen Menschen und sämtliche Starter in die Selbstständigkeit hat.

In Neu-Ulm könnte ich im März die Krone empfangen - ich, ein Taxiunternehmer, der vorher noch unbefristet in der Frührente war, das wäre die Krönung. Jemand mit 41 Jahren, der den Taxischein, die Taxiunternehmerprüfung und die ärztlichen Voraussetzungen hat, obwohl er von den Amtsärzten des Staates für so psychisch krank eingestuft worden ist, dass er für den Staat sein Leben lang nicht mehr arbeiten braucht, ist ein Wunder. Die Ortskenntnisprüfung für Neu-Ulm mache ich in einem Monat, ich traue es mir zu und ich bin gelernter Bankkaufmann. Auch ist es mit 13 Jahren Wartezeit auf eine zugeteilte Taxikonzession sehr prickelnd, endlich anfangen zu dürfen. Das Geld für ein neues Fahrzeug könnte ich auch auftreiben, ich habe eine nicht belastete Lebensversicherung. Im Gutachten für die Renten, die ich erhalte, wird behauptet, ich wäre nicht fähig, meine Finanzgeschäfte selbst zu führen, bzw. wäre ich nicht kreativ genug, um für meine Finanzen zu sorgen. Geistig und körperlich bin ich auf der Höhe, wenn ich mit einem Taxiunternehmen, bei dem man für die Kunden verantwortlich ist, im März 2019 anfangen sollte.
Spreche ich dann eine junge Frau an und gehe ich mit ihr aus, habe ich ganz andere Chancen, als wenn ich einer jungen Dame

sagen würde, dass ich in der Frührente bin. Obwohl ich gesundheitlich nichts habe, ich erhalte ja die Taxikonzession, wenn ich sie von der Stadt Neu-Ulm möchte, bin ich mit 41 Jahren fit in der Rente. Eine Überprüfung von der Rentenversicherung, was meine Gesundheit betrifft, gibt es bei mir nicht mehr. Rente habe ich, einen Ansporn zum Arbeiten hat man mir genommen.

Kapitel 16
Mein Fahrservice Schubert

Fahrservice Schubert
Das Taxi-/Mietwagenunternehmen

Eine ereignisreiche Story über ein Taxiunternehmen vom Tag- und Nachtfahrservice für die verschiedensten Kunden mit deren Wünschen.

Der Leser wird erkennen, dass man schon ein Allround-Talent sein muss, um ein Taxiunternehmen zu leiten. Wie das Unternehmen in einer harten Zeit immerhin 2 Jahre über Wasser gehalten wurde und warum es dann doch geschlossen werden musste, obwohl alle Möglichkeiten ausgeschöpft wurden, das Unternehmen weiterzuführen.

Auf jeden Fall habe ich als Taxi-/Mietwagenunternehmer viel erlebt.

Gründung und erste Kunden

Nachdem ich mit einem gekündigten Job bei einer Bank jetzt schon ein paar Jahre keinen Arbeitsplatz mehr bekam, der mir richtig gefiel, entschied ich mich, einen Fahrservice zu gründen. Ich war jung, belastbar und unternehmungslustig, also glaubte ich, ein Taxiunter-nehmen in der Kleinstadt, in der ich wohnte, sei das richtige. Man hat viel mit Leuten zu tun und außerdem kann man sportliche Autos fahren, genau das, was ich wollte, da ich sehr gerne Auto fahre.

In Memmingen, die Stadt, in der ich dieses Taxiunternehmen leitete, gab es sogenannte „Aktivsenioren" – Berater für Unternehmensgründer. Sie erarbeiteten mit mir einen Unternehmensplan für mein Taxiunternehmen Fahrservice Schubert, den ich für Banken usw. benötigte. Mit dem Unternehmensplan ging's also zur Hausbank, und ein Kredit für mein erstes Auto für meinen Fahrservice Schubert wurde genehmigt. Nun benötigte ich noch eine Genehmigung oder Konzession von meiner Heimatstadt, um dort Fahrgäste von A nach B bringen zu dürfen. Um die Konzession zu bekommen brauchte ich eine bei der IHK absolvierte Taxiunternehmerprüfung sowie einen Nachweis, dass ich Geld für das erste Fahrzeug hätte. Fürs Lernen zur Taxiunternehmerprüfung ließ ich mir 2 Monate Zeit, den Lernstoff hierfür bestellte ich übers Internet. Die Prüfung bestand ich, da sie nicht sehr schwer für mich war.

Nun konnte ich mich um mein erstes Auto für mein Unternehmen kümmern. Ich recherchierte im Internet auf mobile.de und fand einige Anzeigen von meinem damaligen Lieblingsfahrzeug, einem Audi.
Bei einem Autohändler in München kaufte ich dann den

165

preisgünstigsten Audi A6 Quattro Avant, gebraucht, den das Internet damals zu bieten hatte. Leider hatte er einen versteckten Mängel, denn nach einiger Zeit stellte sich heraus, dass an mehreren Stellen das Öl herauslief, dies bereitete mir schon zu Beginn meiner Unternehmertätigkeit ziemliche Schwierigkeiten. Ich erfuhr von einem Bekannten, dass ein komplett hergerichteter und damit mängelfreier Audi A6 Quattro Avant mit gleichem Baujahr das gleiche kosten würde wie meiner, den ich ein paar tausend Euro billiger bekam und den ich noch reparieren lassen müsste. Also machte ich mir keine weiteren Sorgen, nachdem ich das Auto gekauft hatte und von dem Schaden erfuhr.

Den neu gekauften, silbernen Audi A6 ließ ich auf den Seitentüren und auf der Heckscheibe schön mit „Fahrservice Schubert" „0800/3008800" bekleben. Hinten am Fahrzeug ließ ich noch „preiswert und zuverlässig" anbringen. Die angeklebten Schriftzüge leuchteten sogar Nachts, wenn Licht drauf schien. Ach ja mein Firmenlogo, ein Auto mit einer untergehenden Sonne ließ ich auch noch an meinem Taxi anbringen. Hier muss ich noch erwähnen, dass es sich bei meinem Taxi zwar um ein Taxi handelte, ich durfte die Dienstleistung erbringen Leute von A nach B zu fahren, aber ich durfte bei meinem Fahrzeug kein Taxischild aufs Dach schrauben, da ich nur eine Konzession für einen „Mietwagen" von der Stadt genehmigt bekam, „Mietwagen" durften in unbegrenzter Anzahl bei der Stadt beantragt werden, nur Taxis nicht mehr, es hieß, 18 Taxis sind ausreichend. Ich wurde in der Warteliste für Taxikonzessionen an 1. Stelle eingetragen. Meine Kunden und ich sagten aber trotzdem auch Taxi zu meinem Fahrservice, das es ja eigentlich fast das gleiche war.

2 Unterschiede gravierende Unterschiede gibt es aber schon, zum einen mussten beim Taxi 1,40 Euro pro km verlangt werden, während ich bei meinem Mietwagen die Fahrpreise frei gestalten durfte. Zum anderen durfte ich ohne Taxischild nicht an den mit

„Taxi" gekennzeichneten Flächen, wie z. B. am Bahnhof halten und Fahrgäste mitnehmen. Die Bezeichnung Mietwagen wird oft missverstanden. Beim Taxigeschäft bedeutet das, der Kunde mietet sich einen Wagen mit Fahrer für eine Fahrt. Ein sehr veralteter Begriff.

Nun hatte ich also ein schönes Taxi vor der Tür, mit dem ich auch Leute transportieren durfte, aber noch keine Fahrgäste, die mich anriefen. Eine Werbeanzeige bei einer Zeitung in Memmingen hatte Schlagkraft, gerade bei den Wochenendkunden nachts.

Der aktuelle Wirtschaftsspiegel

Ich bringe Sie zuverlässig ans Ziel

Pünktlich und günstig mit dem »Fahrservice Schubert«

Sie möchten gerne rechtzeitig Ihren Flieger erreichen? Sie wissen nicht, wie Sie ins Krankenhaus kommen? Sie müssen spontan von A nach B? Dann sind Sie bei mir an der richtigen Adresse. Zum Jahresanfang habe ich mich - nachdem ich sowohl die Taxischeine für Mindelheim und Memmingen inne habe und über sehr gute Ortskenntnisse im gesamten Unterallgäu verfüge - mit dem »Fahrservice Schubert« selbständig gemacht und biete kundenfreundliche und außergewöhnliche Konditionen. Ich stehe Ihnen rund um die Uhr für Fahrten aller Art, vom Flughafentransfer über Kranken- bis zu Kurierfahrten zur Verfügung und chauffiere Sie in einem geräumigen Audi A6 exklusiv, pünktlich, freundlich und zuverlässig ans Ziel. Ein weiterer Vorteil des »Fahrservice Schubert« sind die Fahrpreise, die deutlich unter den üblichen Taxitarifen liegen. Bei längeren Fahrten bitte ich lediglich um eine rechtzeitige Vorbestellung. Seit der Eröffnung meines Fahrdienstes haben schon viele Kunden diese günstige und verlässliche Fahrgelegenheit schätzen gelernt. Rufen Sie mich an: Bernd Schubert in Memmingen, gebührenfreies Telefon 0800/3008800, e-mail fahrservice-schubert@web.de. Text/Fotos: Lange

Am Wochenende, wie schon erwähnt, hatte ich schon zu Beginn meines Unternehmens jetzt nette, feste Kunden, vor allem junge Leute, die immer wieder anriefen. Ich kam mit meinem Audi A6, der sehr gut bei den jungen Fahrgästen an, die 4 Ringe hieß es - da fahren wir gerne mit, gleich weit im ganzen Unterallgäu herum. Ich fuhr Diskotheken an ,die 120 km entfernt waren und zuverlässige Kunden holte ich auch wieder ab. Ich konnte mich darauf verlassen, dass sie dann noch da waren, gerade bei großen Entfernungen war das wichtig.

Es gab nichts schöneres für mich, als das Wochenende abzuwarten und so gegen 21.00 Uhr die ersten Anrufe entgegenzunehmen und meine Stammgäste, die immer nett und freundlich waren, zu fahren. Manchmal waren sie auch betrunken, aber das machte mir nichts aus. In Kneipen, Diskotheken, Clubs, in Memmingen und in den umliegenden Dörfern, es gab so einiges, wo man am Wochenende gut weggehen konnte. Als sich mein Fahrservice richtig eingespielt hatte, folgte am Wochenende, und eben fast nur am Wochenende ein Anruf auf den nächsten. Wo wir auch schon beim Problem waren, ich hatte unter der Woche, also Montag bis Donnerstag nichts zu tun.

Ein Werbeschreiben an verschiedene, größere Memminger Speditionen und Unternehmen brachte mich weiter. In diesem Schreiben betonte ich meine günstigen Fahrpreise bei Unternehmen und pries mein geräumiges, komfortables Fahrzeug an, mit dem ihre Mitarbeiter und Kunden transportiert werden konnten. Eine Spedition wurde darauf aufmerksam und gab mir immerhin so vier bis fünf mal im Monat eine Fahrt zum Münchner Flughafen, was mich sehr freute. Bei 140 km Fahrstrecke einfach war da doch einiges verdient.

So weit, so gut, ich hatte also am Wochenende zu tun und auch unter der Woche rief hin und wieder jemand an. Hinzu kam, dass ich unter der Woche für eine große Krankenkasse zwischen Ärzten und Krankenhäusern zu behandelnde Patienten hin und her fahren durfte, was ich später noch näher beschreibe.

Auch weil die Arzt- und Krankenhaustermine der zu fahrenden Patienten oft zur gleichen Zeit waren und bei meinem Audi A6 jetzt immer wieder einmal Reparaturtermine anfielen, wegen der undichten Stellen, dort wo das Öl heraustropfte, brauchte ich nun dringend ein zweites Taxi.

Zweites Taxi, der BMW 530 Touring

Im puncto Luxus hielt ich mich wenig zurück und schuf bei einem Händler, etwa 2 Städte entfernt, einen BMW 530 Turing mit 200 PS, sowie Lederausstattung und Klimaanlage, an.
Beim ersten Wagen waren die undichten Stellen, wo Öl herauslief, für 4000,- Euro gerichtet, dann kam jetzt der Kauf des zweiten Taxis hinzu, da musste das Geschäft nun in Zukunft gut laufen, dachte ich mir.
Für das zweite Taxi brauchte ich jetzt einen Aushilfsfahrer. Mein Steuerberater riet mir zwar, beim Arbeitsamt nicht nachzufragen, was ich aber dann doch tat. Das Lustige, am Telefon beim Arbeitsamt meldete sich ein alter Bekannter, den ich schon Jahre nicht mehr getroffen hatte, er muss eine Stelle beim Arbeitsamt bekommen haben. Ich hatte eine Zeitungsanzeige geschalten und zwar ein Aushilfsfahrergesuch und es meldete sich ein Arbeitsloser. Ich fragte nun meinen Bekannten beim Arbeitsamt, ob er über den Arbeitslosen etwas wüsste, also ob er in der Vergangenheit ein zuverlässiger Arbeiter gewesen sei. Er lachte und sagte mir, der hat bei uns angegeben, er will einen Plattenladen aufmachen. Ziemlich irrsinnig in der heutigen Zeit sagten wir uns. Ich bedankte mich bei dem alten Bekannten und wünschte ihm noch eine gute Zeit. Meine Menschenkenntnis

verriet mir aber, dass ich diesen Arbeitslosen doch ab und an, zu festen Terminen, fahren lassen könnte. Auf den neuen Aushilfsfahrer war am Anfang immer Verlass, so dass ich zufrieden war. Später musste ich ihn leider wegen nicht Erscheinen am Arbeitsplatz entlassen.

Nachdem ich nun ein zweites sportliches Taxi hatte, wechselte ich jetzt auch mal das Fahrzeug. Der BMW lief nämlich auch sehr zügig.

Ich schaltete ein weiteres Aushilfsfahrergesuch in einer Zeitung und fand dadurch einen neuen Aushilfsfahrer für mein zweites Auto. Er fuhr mir Kunden von Krankenkassen, die von zu Hause in eine Klinik oder zu einem Arzt regelmäßig gefahren werden mussten. Bei diesen regelmäßigen Fahrten handelte es sich um Dialyse- oder Bestrahlungsfahrten. Diese Fahrten brachten meinem Unternehmen beträchtliche monatliche Gewinne ein. Da die Unterhaltskosten für meine Taxis und auch ab und zu Reparaturen hinzu kamen, deckten diese Gewinne aber gerade einmal meine laufenden Kosten.

Durch einen Stammfahrgast, den ich am Wochenende immer wieder chauffierte, erfuhr ich, dass sein Freund gern bei meinem Fahrservice am Wochenende nachts fahren würde. Er stellte sich bei mir vor und ich stellte ihn gleich ein, weil er einen sympathischen Eindruck auf mich machte. So hatte ich einen Nachtfahrer.

Am Wochenende nun nachts die Diskotheken mit meinem neuen Nachtfahrer abzufahren machte schon sehr viel Spaß. Wir verständigten uns übers Handy, wer sich gerade wo befand und wer was fahren möchte. Wenn wir dann nachts auch mal aneinander vorbeifuhren und ich spürte, mein Fahrer hatte seine Sache im Griff, dazu die vielen Nachtfahrten, gab mir das einen besonderen Kick. Man gewöhnt sich mit der Zeit auch einen sportlichen Fahrstiel an, gerade wenn nur noch eine Fahrt auf die andere folgt. Es sollten ja auch Zeiten eingehalten werden. Wir waren so fleißig, dass wir jeden Fahrgast zufrieden stellten. Sie sagten uns, euch ruft man an und ihr seid sofort da. Auf euch ist Verlass. Wir rufen euch immer an. Ab jetzt nur noch Fahrservice Schubert. Vergiss die anderen Taxis. Wo anders haben wir immer eine Stunde gewartet. Sie schmissen sogar die Visitenkarten der anderen Taxiunternehmen weg und löschten die Nummern aus ihren Handys. Ich muss sagen, dass ich in den komfortablen Taxis auch immer beste Musik laufen hatte, wofür mich meine Fahrgäste auch stets lobten. Ich wusste, welche Radiosender gut bei meinen Kunden ankamen und auch meine Musik-CD´s waren der Hit. Meine Kunden fragten mich, wo noch was los sei, ich wusste es und brachte sie hin. Gib uns Karten mit, wir verteilen sie für Dich, hieß es. Sie lobten mich weil ich immer zuverlässig war. Ich war natürlich auch bei einigen bekannt dafür, dass ich so gewisse Ausnahmen machte, was die Anzahl der Fahrgäste betraf. Ich ließ mich auch manchmal dazu überreden. Es war schwierig, nein zu sagen, wenn gerade alle Fahrgäste gut gelaunt waren und sie fragten, ob ein oder zwei Leute mehr einsteigen dürfen. Also gut, sagte ich dann, steigt in den Kofferraum. Der war ja sehr geräumig. Einmal, als es ausartete, legte sich sogar einer quer über seine Kumpels. Der Kofferraum war dann auch noch mit zwei Leuten voll, so dass ich aber zum Dank, als sie alle vor einer Diskothek ausstiegen, sie mir eine La-Ola-Welle machten. Meine gute Laune erreichte ihren Höhepunkt. Ich wusste aber, dass ich das eigentlich nicht machen durfte. Zu meinen Taxi-Fahrgästen zählten natürlich auch hübsche junge Damen, die sich von Bars angetrunken nach Hause fahren ließen. Es war leicht, mit einer Frau ins Gespräch zu kommen, was einem außerhalb des Taxiunternehmens oft nicht so leicht fiel. Mir zumindest. Ich machte schon die tollsten Dinge mit, mit diesen angetrunkenen Damen. Sie luden einen in ihre Wohnung zu einem Kaffe ein, was Mitten in der Nacht sehr gut tat. Oder sie fragten, was machst du jetzt noch, möchtest du in meine Wohnung mit kommen. Manchmal baten sie mich auch, mit rein in die Bar zu kommen, sie gaben mir dann ein Getränk aus und sie versprachen mir noch eine weitere Fahrt. Die Nacht war gerettet. Was viele meiner Freunde heute nicht verstehen, ist, dass ich damals mit diesen

Damen nicht mehr unternommen habe. Ich wollte einfach nicht die Nacht mit einer angetrunken Frau vergeuden, wenn ich doch so viele Fahraufträge hatte. Ich hatte einfach einen starken Geschäftssinn.

Das Wochenende war vorüber und nach einigen kuriosen Fahrten am Wochenende kam jetzt wieder der Alltag unter der Woche. Ich muss wirklich sagen, dass ich sehr gerne nachts arbeitete.

Versteigerung von Taxifahrten und Erweiterung des Unternehmens

Eine bekannte, große Krankenkasse in Memmingen versteigerte schon seit einiger Zeit ihre Krankenfahrten übers Internet, bei der der günstigste Taxiunternehmer Fahrten bekommt. Ich machte schon einmal bei der Versteigerung mit und bekam aufgrund meines billigen Fahrpreises die Fahrten, die ich mir vorgestellt hatte. Orte, die bis zu 40 km von Memmingen entfernt waren, mussten nun 2 mal am Tag und das 3 mal die Woche angefahren werden. Von den weiten Fahrten bekam ich zu Anfang 3 Stück. Das ganze war einem dann ein halbes Jahr sicher, dann erfolgte wieder eine Versteigerung. Weil ich so günstig war, machte eine Krankenkasse sogar Werbung für mein Unternehmen und gab meine Visitenkarten an ihre Kunden weiter. So erhielt ich auch Fahrten, die täglich stattfanden, und das auch wieder zu Orten, die 40 oder sogar 60 km entfernt waren.
Ich machte einen schwerwiegenden Fehler, der meinem Unternehmen wahrscheinlich schon früh das Kreuz brach, ich kaufte ein drittes Taxi. Bei dem neuen Taxi, ein Renault Laguna

Kombi mit 170 PS und Vollausstattung, war in der Autowerkstatt zuerst zwar nur der Zahnriemen zu erneuern, aber auch solche Kosten summieren sich, auch beachtete ich nicht, dass die Versicherung für das dritte Fahrzeug etwas höher ausfiel, da ich für dieses Fahrzeug keinen Rabatt mehr bekam. Ich war damals sicher, ich schaffte das. Als dritten Fahrer hatte ich meine Freundin. Streitigkeiten blieben nicht aus, wenn es um Taxifahrten ging. So hat einmal ein anderer Taxiunternehmer meinen Fahrgast, eine ältere Frau, vor dem Krankenhaus, dort wo mit dem Taxi auf die Kunden gewartet wird, angesprochen. Er fragte sie, wie sie auf den Fahrservice Schubert aufmerksam wurde. Hat Sie die Krankenkasse für den Fahrservice geworben, fragte er sie weiter. Er meinte er hätte so vielen Angestellten deren Sozialversicherungsbeiträge zu bezahlen und dann gibt die Krankenkasse einfach anderen Unternehmen Fahrten, die eigentlich ihm zuständen. Mein Fahrgast erzählte es mir bei der Rückfahrt und ich war empört darüber. Manche Unternehmer bekommen einfach nicht genug, dachte ich mir. Mein Fahrgast war der gleichen Meinung.

Es war wieder Wochenende und ich bekam mittlerweile schon Spitznamen, wie Schubi oder Fahr-Schubert. Ah, hieß es, der freundliche Taxifahrer ist wieder da. Ich unterhielt mich einfach ein wenig mit meinen Fahrgästen und sie sagten, der ist total nett oder endlich mal ein netter Taxifahrer, die anderen reden kein Wort im Taxi. Ich war recht beliebt bei meinen Kunden. Irgendwann bürgerte es sich dann ein, dass wir jeden mitnahmen, der gerade an der Straße stand und ein Taxi brauchte oder schnell noch anrief. Die Fahrt war noch gar nicht beendet und schon war der nächste im Taxi. Wir nahmen jeden mit, bis das Taxi voll war (deswegen schaffte ich später auch ein Großraumtaxi an). Die Fahrgäste nahmen kleine Umwege in Kauf und so konnten noch mehr Leute gefahren werden. Das kam so gut an, dass es mir andere Taxiunternehmer nachmachten. Die nannten sich dann Anruf-Sammeltaxi.

Zwei junge Damen, die ich von einer Bar nach Hause fahren sollte, waren mal wieder sehr angetrunken, die eine lallte nur noch vor sich hin, was mich allerdings noch nicht so störte, ich war das schon gewohnt. Schwierig wurde es nur, als wir am Ziel ankamen und die eine nicht aussteigen konnte. Meine Beifahrerin und ich versuchten ihr herauszuhelfen, sie war aber so betrunken, dass sie sich zwischen Vordersitz und Fußraum festklemmte. Wir zerrten sie aus dem Auto. Sie konnte nicht einmal mehr stehen und lag nun auf dem Boden. Ich fragte die andere junge Dame, was sie denn gemacht hätten. Sie sagte zu mir, wir hatten ein Geschäftstreffen, wo sich ein paar Angestellte im Eiskeller, eine angesagte Bar in Memmingen, trafen, um ein wenig zu feiern. Sie hat ziemlich viel getrunken, meinte sie. Die andere junge Dame lag am Boden neben dem Taxi und bewegte sich nicht mehr. Wir sprachen sie an, aber sie blieb regungslos liegen. Mir blieb nichts anderes übrig, als den Notarzt zu rufen. Der kam dann nach einer Viertelstunde. Ich half dem Notarzt noch, die vollgekotzte Jacke des Mädchens auszuziehen. Der Arzt bedankte sich, legte die Frau auf eine Bare und lud sie ein. Dann fuhr er mit Blaulicht davon. Die andere war immer noch schockiert und sagte, sie gehe erst mal ins Krankenhaus zu ihrer Freundin.

Aber solche Vorfälle sind eher selten. Genauso selten ist es z. B., dass ein Taxifahrgast nicht zahlen will. Deswegen die Polizei zu rufen, ist nicht sinnvoll. Bis die Polizei eintrifft, ist der nicht zahlende Fahrgast längst über alle Berge. Außerdem kann ich in der Zeit eine andere Fahrt machen, also lass ich ihn gehen.

Man muss als Taxiunternehmer ein Allround-Talent sein. Es darf

177

einem nichts ausmachen, seine Taxis immer wieder zu waschen und zu reinigen. Andererseits korrespondiert man mit Unternehmen und Krankenkassen über Dinge wie Verträge, Fahraufträge, Preise. Oft während einer Fahrt muss man telefonisch bestätigen, ob eine Fahrt in Ordnung geht. Betrunkene dürfen einem Taxiunternehmer nichts ausmachen. Nichts darf einem bei dieser Tätigkeit zu viel sein. Es kam vor, dass eine Spedition ein Taxi für eine Flughafenfahrt nach München bestellte, und als ich nach Memmingen zurück kam, rief das Unternehmen noch mal an und ich musste einen Kunden der Firma gleich im Anschluss an meine letzte Fahrt wieder nach München fahren. Es kam auch vor, dass ich die ganze Nacht von 21.00 Uhr abends bis 7.00 Uhr in der Früh Taxi gefahren bin und dann noch um 7.00 Uhr morgens ein Hotel anrief und für ihren Kunden ein Taxi zum Flughafen nach Stuttgart benötigte. Da muss man halt dann noch los.

Die ersten Monate erfolgreich geschafft

Eine kleine Auszeit brauchte ich nach einem halben Jahr Unternehmertätigkeit, die ich hinter mich gebracht hatte und dem Stress, den ich dabei hatte. Mein Vater übernahm die Vertretung für mich. Ich fuhr mit meiner Freundin nach Mannheim, dort besaß der Vater von ihr noch ein Haus, in dem wir übernachten konnten. Um einfach mal abschalten zu können und um an etwas anderes zu denken, besuchten wir den Freizeitpark in Hassloch. Wir fuhren mit der Achterbahn Expedition Geforce. Das Besondere an dieser Achterbahn ist der um die Herzlinie gedrehte, sehr steile First Drop (erste Abfahrt), bei dem auf den hinteren Sitzplätzen der Züge Airtime zu spüren ist. Airtime ist ein englischsprachiger Begriff für Schwerelosigkeit beziehungsweise des Abhebens aus dem Sitz. Auf der 1,3 km langen Strecke beschleunigt die Bahn auf bis zu 120 km/h, wobei Beschleunigungen von bis zu 4,5 g (4,5-fache Erdbeschleunigung) und sieben Airtimes auf den Körper des Mitfahrers wirken. Die höchste Erhebung beträgt 62 Meter. Die Achterbahn ist eine der größten in Europa. Außerdem probierten wir auch den Free Fall Tower (Freifallturm) aus. Er besteht primär aus einem Turm, an dem eine Kabine mit Passagieren hochgezogen wird. Oben angelangt, lässt man die Kabine in den freien Fall übergehen, bis sie am Fuß des Turms an einer Bremsvorrichtung gefangen wird. Allein schon wegen dieser zwei Attraktionen sollte man den Freizeitpark in Hassolch einmal besuchen. Er ist eine Reise wert. Am nächsten Tag schauten wir uns noch die Stadt Mannheim genauer an.

Nach dem beendeten kleinen Urlaub zuhause angekommen, interviewte ich gleich meinen Vater, wie es denn mit dem Geschäft gelaufen sei. Er meinte, er könnte das nicht noch einmal machen, da ihm die angeheiterten Fahrgäste am Wochenende zu viel Nerven kosteten.

Was mich ziemlich mitnahm, waren die gelegentlichen Reparaturen der Fahrzeuge. Bei acht Jahre alten Fahrzeugen, sie wurden ja gebraucht gekauft, kam es öfter mal zu Instandsetzungen. BMW, Audi aber auch Renault sind teure Markenfahrzeuge, bei denen man auch bei einer Instandsetzung für die Marke mit zahlte. Für mich kam aber immer nur eine Reparatur in einer Fachwerkstatt in Frage, zumal ich auch dazu gezwungen war - die neueren Autos sind so gebaut, dass ein Hobbymechaniker nicht mehr an die entsprechenden Teile herankommt. Eine Reparatur in einer Fachwerkstatt läuft folgendermaßen ab: Das Fahrzeug wird oberflächlich angeschaut, daraufhin sagt einem der Verkaufsmitarbeiter keinen Preis für die Instandsetzung, was ja im Grunde das wichtigste ist. Bei der Frage nach den Instandsetzungskosten bekommt man meistens die Antwort, dass sie das nicht genau wüssten. Vielleicht käme noch das eine oder andere hinzu, was einem noch mehr Angst macht. Bei diesen Fachwerkstätten wurde ich aber ansonsten behandelt wie ein König. Es wird einem bei einer Wartezeit gleich ein Kaffe gebracht, diesen kann man dann in angenehmer Atmosphäre genießen – sofern man noch zu genießen hat, bei den hohen Reparaturkosten. Sollte das Fahrzeug in der Werkstatt bleiben müssen, wird man kostenlos nachhause gefahren und am nächsten Tag wieder abgeholt. Außerdem ist das gesamte Personal sehr freundlich.

Das Großraumtaxi und „die politische Schiene"

Ein Vertriebsmitarbeiter von Audi sagte mir beim letzten Fahrzeugcheck, dass nach der letzten Ölabdichtung, die ganze Abdichtung kostete mich mehr als 4.000,- Euro, nun noch mindestens 1.000,- Euro wegen eines Defekts am Motor auf mich zu kämen. Diese Aussage hat mir den Rest gegeben und ich entschied mich, den Audi A6 zu verkaufen. Nachdem mich schon oft meine Fahrgäste angesprochen hatten, warum ich kein Großraumtaxi hatte, beschloss ich, das Taxiunternehmen um ein Großraumtaxi zu erweitern. Zusätzlich kam mir in den Sinn, dass es sich diesmal um ein Neufahrzeug handeln musste, da mir die laufenden Reparaturen in der Vergangenheit große Sorgen bereiteten.
Bekanntlicherweise gibt es von der Automarke Kia günstige Fahrzeuge, also entschied ich mich für einen Kia. Mit diesem Kia konnte ich nun 6 Personen befördern, ohne dass jemand im

Kofferraum einsteigen musste, was ja sowieso nicht erlaubt war. Meine Fahrgäste lobten wieder das neue Auto. Klar, die Lederausstattung imponierte vielen und die herrlich beleuchtete CD-Radio-Sound-Anlage fiel sofort auf. Für die Fahrgäste in der dritten Reihe waren sogar Kippfenster angebracht. „Deluxe" sagten meine Kunden dazu. Das Fahrzeug war so komfortabel ausgestattet, dass man sich vorkam wie in einem Flugzeug. Es fehlte nur noch der von der Decke herunter klappbare Monitor für den DVD-Player, was ich aber für übertrieben hielt und deswegen nicht dazukaufte.

Leider konnte ich mit der Anzahl meiner Aufträge noch nicht zufrieden sein, so dass ich meinen Ausbildungsprüfer anrief. Er meinte, ich solle alle Steuerberater in Memmingen wegen Aufträgen fragen, bzw. bei ihnen Werbung machen. Das brachte so gut wie gar nichts ein. Aber da ich mit meinem jetzigen Steuerberater sowieso nicht ganz zufrieden war, wechselte ich zu einem anderen Steuerberater für mein Unternehmen. Dieser hatte zwar seinen Sitz in einer anderen Stadt, aber ich hörte davon, dass er sehr zuverlässig sei. Woher ich mehr Fahraufträge bekommen könnte, wusste dieser aber leider auch nicht.

Na ja, zum Jahreswechsel 2006/2007 lief es dann doch nicht so ganz schlecht. Ich konnte im Januar einen Umsatz von 11.000,- € verzeichnen. Der Kauf von Winterreifen und ab und zu anfallende Instandsetzungen der Taxis verbrauchten aber den Gewinn vom Januar recht schnell.

Im Winter sind mehr Leute krank hieß es, wodurch ich sehr viele Fahrten, die täglich stattfanden, von der Krankenkasse aber auch durch eigene Werbung bekam. Die Dauer der Fahrten betrug oft eineinhalb Monate lang pro Kunde. Die Fahrt ging jeweils in einen Ort, der ca. 60 km entfernt war.

Sorgen machte mir nur, dass meine Heimatstadt im neuen Jahr für das Krankenhaus ein eigenes Bestrahlungsgerät für eine Million

Euro gekauft hatte, weswegen die regelmäßigen weiten Fahrten dann wegfielen. Jetzt hatte ich 3 Taxis vor der Tür stehen, und unter der Woche kaum noch Arbeit. Ich schaltete wiederum eine große Werbeanzeige in der örtlichen Zeitung, das war aber diesmal nicht sehr hilfreich. Auch mein Einfall, mehr Visitenkarten zu verteilen war ein Tropfen auf den heißen Stein. Versteigerungsfahrten von Krankenkassen bekam ich auch nicht mehr ausreichend, um existieren zu können.

Ich wusste, dass es abwärts ging und ich war völlig ratlos. Da fiel mir ein, den Bürgermeister zu fragen, ob er für mich eine Taxikonzession, die meine Fahrservice-Konzession ersetzen würde, erteilen könnte. Es erschien mir noch zu früh dies zu tun, zumal er auch einen Grund brauchte, weshalb er mir eine Taxikonzession erteilen sollte. Politiker wissen doch am ehesten, was bei einem Not leidenden Unternehmen zu tun ist, dachte ich mir. Und warum nicht einmal gleich ganz oben nachfragen, also bei der Kanzlerin. Es handelte sich ja um ein Unternehmen, bei dem Leuten geholfen wird, indem sie von A nach B gebracht werden. Sei es eine Flughafenfahrt für ein anderes Unternehmen, eine Krankenfahrt oder auch ein Angetrunkener, der dadurch seinen Führerschein nicht verliert. So ein Unternehmen müsste doch Anerkennung finden, dachte ich mir, und ich verfasste den nachfolgenden Brief an Angela Merkel.

Sehr geehrte Frau Dr. Merkel,

ich weiß, Sie sind eine vielbeschäftigte Frau, trotzdem möchte ich Sie bitten, sich meines hier kurz geschilderten Problems anzunehmen.

Nachdem ich als gelernter Industrie- und Bankkaufmann wegen Personalabbaus im Jahre 2002 keinen Arbeitsplatz mehr bekam, bin ich bis zum Jahre 2006 überwiegend arbeitslos gewesen. Ich entschloss mich dann Anfang 2006, als Taxi-/Mietwagenunternehmer selbstständig zu machen, da es vollkommen aussichtslos war, als Kaufmann noch einen Arbeitsplatz zu bekommen.

Seit über einem Jahr betreibe ich nun einen Fahrservice in Memmingen. Ich darf hier Personen von A nach B fahren, genauso wie ein Taxiunternehmen. Von meinem Unternehmen, das vom Gewerbeamt auch als "Mietwagenunternehmen" bezeichnet wird, obwohl es mit Mietwagen nichts zu tun hat, können Sie sich unter www.fahrservice-schubert.de im Internet ein Bild machen.

Als geprüfter Taxi-/Mietwagenunternehmer eröffnete ich also ein Mietwagenunternehmen, da Taxikonzessionen von der Stadt nicht vergeben wurden. Mit günstigen Preisen bei den Krankenkassen erledigten meine Fahrer und ich zuverlässig Patientenfahrten, die den größten Anteil an meinem Unternehmen ausmachen.

Für mein Unternehmen habe ich im Laufe des Jahres 2006 drei Fahrzeuge angeschafft, die in Raten bei der Bank abbezahlt werden. Diese Fahrzeuge sind nötig, da die Behandlung der zu fahrenden Dialysepatienten zur gleichen Zeit beginnt und endet.

Fahrten für Krebspatienten zur Bestrahlung, die für mich weitere Fahrstrecken bedeuteten, fielen ab Anfang dieses Jahres weg, da das Krankenhaus unserer Stadt jetzt eine eigene Bestrahlungseinrichtung bekommen hat.

In ein paar Monaten wird der Regionalflughafen in Memmingen fertig gestellt sein. Hier sind Fahraufträge zu erwarten. Schon seit mehreren Monaten korrespondiere ich mit der Geschäftsleitung des Allgäu-Airports.

Ich habe meinen zuverlässigen Fahrservice angeboten mit ausführlicher Beschreibung meiner drei geräumigen Fahrzeuge. Ich wurde vollkommen übergangen, das größte Taxiunternehmen in Memmingen hat seit einiger Zeit eine Autowerbung vom Allgäu-Airport bekommen und einen Werbehinweis auf der Allgäu-Airport-Internetseite. Mich hat der Allgäu-Airport auf meine schriftlichen und telefonischen Anfragen immer nur hingehalten und auf meine letzte Anfrage habe ich überhaupt keine Antwort mehr bekommen. Der Allgäu-Airport hat schon seit Ende letzten Jahres Fahraufträge zu vergeben, aber diese Aufträge werden grundsätzlich nur diesem einen Taxiunternehmen zugeteilt.

Das gleiche gilt für das Klinikum Memmingen. Meine letzten Fahraufträge bekam ich im Dezember letzten Jahres. Obwohl dort laufend Verlegungsfahrten anfallen, werden immer nur die gleichen Taxiunternehmen angerufen.

Die AOK hat im letzten Jahr dadurch, dass sie Fahraufträge, bei denen sie vorher die sonst üblichen Preise gedrückt hatte, an mich vergeben, und somit rund 10.000,00 Euro eingespart. Mir fehlt dieses Geld. Es wurden beispielsweise bei Bestrahlungsfahrten von Krebspatienten, bei der der Patient nach Behandlung gleich wieder nach Hause gebracht wurde, nur die Hinfahrt bezahlt - alle anderen Krankenkassen vergüteten Hin- und Rückfahrt.
Schon des Öfteren musste ich von Angestellten bei Krankenkassen hören, dass unsere Taxiunternehmer bei den Krankenkassen "gewisse Geschenke" machen, um Aufträge zu bekommen.
Wie soll ein Jungunternehmer wie ich bestehen können, wenn unsere Taxiunternehmer mit solchen "Bestechungsmethoden"

arbeiten dürfen?

Autowerkstätten, Tankstellen, Banken usw. verdienen ebenfalls sehr gut an meinem Unternehmen, was ich jetzt nicht weiter ausführen möchte.

Taxiunternehmen zahlen ans Finanzamt 7 % ihrer Taxieinnahmen. Das Finanzamt bekommt ganze 19 % der Fahreinnahmen meines Mietwagenunternehmens, obwohl hier die gleiche Arbeit verrichtet wird, wie von Taxiunternehmen. Wo ist da die Gerechtigkeit?

Wie soll ich unter solchen Umständen und mit derartigen Hindernissen ein Taxi-/Mietwagenunternehmen über Wasser halten?

Können Sie mir dazu eine unterstützende Antwort geben, Frau Merkel?

Meinen herzlichsten Dank, dass Sie sich für meinen Brief Zeit genommen haben.

Mit freundlichen Grüßen

Bernd Schubert

Sehr geehrter Herr Schubert,

vielen Dank für Ihr Schreiben an Frau Bundeskanzlerin Dr. Merkel vom 18. März 2007. Bitte haben Sie Verständnis dafür, dass es der Bundeskanzlerin angesichts der Vielzahl eingehender Schreiben leider nicht möglich ist, Ihnen persönlich zu schreiben. Ich bin gebeten worden, Ihnen zu antworten.

Wenn ich auch Ihre Sorgen nachvollziehen kann, so muss ich Sie dennoch um Verständnis dafür bitten, dass der Bund in dieser Angelegenheit nicht eingreifen kann. Die Vergabe von Aufträgen zwischen privaten Unternehmen bestimmt sich nach den Regeln des Zivilrechts. Sofern es sich bei dem angesprochenen Allgäu-Airport bzw. dem Klinikum Memmingen um öffentliche Auftraggeber handelt, bestimmt sich die Vergabe von Aufträgen nach dem Vergaberecht des Landes bzw. der Kommune, da beide Einrichtungen keine Bundesbehörden sind. Die Bundesebene kann hierauf keinen Einfluss nehmen.

Deshalb kann ich Ihnen nur anheim stellen, sich mit den zuständigen Landes- und Kommunalbehörden in Verbindung zu setzen und vor Ort alle Möglichkeiten auszuschöpfen, um Ihre Belange zu vertreten.

Manchmal ist es sehr schwierig, bei einem sich ändernden Markt Alleinstellungsmerkmale zu entwickeln und Kundenbeziehungen aktiv zu gestalten, um sich von den Wettbewerbern zu differenzieren. Erlauben Sie mir deshalb, Sie auf die Beratungsförderung des Bundesamtes für Wirtschaft und Ausfuhrkontrolle (BAFA) aufmerksam zu machen. Existenzgründer und junge Unternehmer können z. B. zur Anpassung ihres Marketingkonzeptes durch einen professionellen Unternehmensberater Zuschüsse zu den vom

Unternehmensberater in Rechnung gestellten Beratungskosten erhalten.

Nähere Informationen zur Beratungsförderung sowie zu anderen ggf. für Sie in Frage kommenden Förderprogrammen erhalten Sie bei der Finanzierungshotline des Bundesministeriums für Wirtschaft und Technologie, die Sie montags bis freitags von 9.00 Uhr bis 16.00 Uhr unter der Rufnummer 030/18615-8000 erreichen können.

Ich würde mich freuen, wenn es gelingt, eine befriedigende Lösung für Ihren Fall zu finden.

Mit freundlichen Grüßen

Bundeskanzleramt

Ich konnte zufrieden sein, ich bekam sogar eine Antwort. Zufrieden war ich aber nicht so richtig. Was sollte ich mit einer Hotline für Beratungsförderung, wenn ich Aufträge brauchte. Ich machte mir mit dieser Telefonnummer nicht allzu viel Hoffnungen, deswegen rief ich diese auch nie an.

Nachdem mich im Augenblick das Unternehmen nur stresste und ich von den nächtlichen Wochenendfahrten auch recht fertig war, brauchte ich mal wieder eine kleine Auszeit. Ich rief eine alte Freundin von mir an, mit der ich schon früher hin und wieder ausgegangen bin und mit der ich Spaß hatte. Sie freute sich, nach langer Zeit mal wieder von mir zu hören und kam am gleichen

Abend noch vorbei. Ich holte sie am Bahnhof ab und wir liefen Richtung Stadtmitte, wo es einige Bars und Kneipen gab. Das war leider nicht so der Renner, so dass wir uns entschieden, in eine Diskothek in einer entfernteren Gegend zu gehen. Wir brauchten ein Taxi. Überall wo ich anrief, hieß es „zur Zeit nicht erreichbar" oder eine Stunde Wartezeit. Wir liefen zum Taxihalteplatz beim Bahnhof und hatten nach einer halben Stunde Glück, es kam ein Taxi. Wir hatten dann noch einen ganz netten Abend in der Diskothek, wir tanzten und unterhielten uns prächtig.

Am nächsten Tag fiel mir ein, wenn die Stadt am Wochenende nicht genug Taxis zur Verfügung hat, wie ich es ja selbst spüren musste, wäre das ein Grund, einmal auf den Bürgermeister meiner Stadt zuzugehen. Ich wollte aber nicht gleich den Oberbürgermeister treffen, so entschied ich mich für den 2. Bürgermeister, der war auch bei der CSU, was mir lieber war, weil ich CSU-Wähler war.
Ich schrieb ihn übers Internet an, beschrieb kurz die Situation meines Unternehmens. Ich erwähnte auch, wenn ich nicht in nächster Zeit eine richtige Taxikonzession bekomme, so dass ich auch am Bahnhof Fahrgäste einladen darf, müsste ich mein Unternehmen schließen. Ich hätte ganz einfach auch einen besseren Namen, wenn ich mein Unternehmen Taxi Schubert nennen dürfte. Des weiteren brauchte ich am Wochenende selbst ein Taxi für eine Fahrt und bekam keines.
Daraufhin bekam ich ein Schreiben vom 2. Bürgermeister, und zwar eine Einladung zu einem Gespräch im Rathaus. Er erwähnte aber auch, dass es für ihn eher ein Problem sei, mir eine Taxikonzession zu erteilen, auch deswegen, weil die jetzigen Taxiunternehmer der Stadt ihre Stimme dagegen erheben würden. Im Rathaus war dann noch zusätzlich der Chef vom Gewerbeamt anwesend. Sie sagten mir beim Gespräch, dass sich noch nie jemand darüber beschwert hätte, dass kein Taxi zur Verfügung

stand. Der Bürgermeister meinte, er könne mir jetzt nicht einfach eine Konzession erteilen, nur weil ich das möchte. Außerdem seinen auch junge Taxiunternehmer in der Stadt schon vorhanden. Zum Schluss sagten sie noch zu mir: „Lieber ein Ende mit Schrecken, als ein Schrecken ohne Ende." Ich sollte praktisch lieber mein Geschäft beenden. Dass aber in Memmingen wirklich eine Taxiknappheit besteht, was mir auch schon meine eigenen Fahrgäste während den Fahrten mitteilten, interessierte die beiden nicht.

Nachtfahrten bis in die Morgenstunden

Am Wochenende konnte ich richtig abschalten von den Sorgen, die mir das Unternehmen bereitete. Die Leute waren Freitag und Samstag Nacht wieder in der Stadt unterwegs und brauchen ein Taxi, damit sie auch was trinken konnten. Es folgte eine Fahrt auf die andere. Von einem Dorf ins nächste – von einer nächstgelegenen Stadt in die andere. Man kann fast sagen, das Geld floss in Strömen. In einer Nacht musste ich eine dumme Erfahrung mit einem Fußgänger machen. Er tappte absichtlich, wahrscheinlich betrunken, an einer engen Straße auf der Mitte der Straße hin und her und ließ mich nicht vorbeifahren. Das ging etwa 10 Minuten so, bis einer meiner Fahrgäste sagte, halt an, den mach ich platt. Ich hatte nebenbei mitbekommen, dass der Fahrgast sogar Boxer war. Er schlug den Störenfried mit einem Fausthieb schnell auf die Straßenseite, so dass ich vorbeifahren konnte. Die anderen Fahrgäste machten sich dann noch Sorgen, ob er vielleicht zu stark zugeschlagen hatte. Egal sagte der Boxer, der hat es verdient.

Nachdem ich dann noch ein paar Stadtfahrten erledigt hatte, sollte ich einen Puffgänger zur nächstgelegenen Stadt ins Puff bringen. Memmingen hat kein eigenes Bordell, da für so etwas mindestens 50.000 Einwohner vorhanden sein müssen, Memmingen hat nur etwa 40.000 Einwohner. In dem Bordell wurden mein Fahrgast und ich dann wunderbar empfangen. Der Fahrgast verschwand mit einer Nutte und ich bekam ein Freigetränk an der Bar. Nach der weiten Fahrt konnte ich ruhig mal eine Pause einlegen. Manchmal bekommt man sogar 10,- € vom Chef, wenn man einen Kunden in sein Puff bringt. Bei der Rückfahrt musste ich noch an einer Tankstelle halten und der Fahrgast gab mir noch eine Brotzeit aus. Bei ihm zuhause schenkte er mir zusätzlich noch 5,- € fürs Fahren. Die Fahrt hatte sich gelohnt.

In der Früh um 6.00 Uhr ist aber dann meistens noch nicht Schluss. Es rufen dann noch die ganzen Diskothekenbesucher an, die jetzt um 6.00 Uhr oder 7.00 Uhr nach Hause wollen.

Ende des Fahrservice Schubert

Trotz der Tatsache, dass das Geschäft an den Wochenenden gut lief, musste ich der Wahrheit ins Auge sehen. Ich hatte bis zum Jahresende keine Versteigerungsfahrten, die ich von den Krankenkassen immer bekam und keine regelmäßigen Fahrten zu weiter weg gelegenen Orten. Mein drittes Fahrzeug wurde so gut wie gar nicht mehr benutzt. Das zweite Auto brauchte ich nur noch am Wochenende. Werbebriefe an große Firmen brachten auch nicht mehr die Aufträge, die ich gebraucht hätte um weiterzumachen. Es tat mir sehr weh, mich dazu zu entschließen, meinen Fahrservice Schubert zu beenden. Vor der Abmeldung meines Geschäfts hatte ich noch eine Rekordfahrt von Memmingen nach Hockenheim, ich musste für eine Memminger Firma ein kleines Paket liefern, einfache Fahrt 6 Stunden. Das bereitete mir noch etwas Spaß, aber mit meiner Firma ging es dem Ende zu. Laufende Rechnungen, wie Versicherungsbeiträge für die Fahrzeuge, die Steuer für meine Wagen, der Krankenversicherungsbeitrag für mich, wurden auch in schlechten Zeiten jeden Monat abgebucht und ich musste ja auch von irgendetwas leben. Ich ging also zum Gewerbeamt und meldete meinen Fahrservice ab und meldete mich zusätzlich beim Arbeitsamt arbeitslos.

Ich wollte zum Schluss einfach nicht begreifen, dass in einer Kleinstadt mit 40.000 Einwohnern nicht genug Auftraggeber vorhanden waren, damit ich mein Geschäft hätte weiterführen können.

192

Kapitel 17
Situation ohne berufliche Tätigkeit und Vergangenes und wieder
aufgefrischtes aus der Schaltertätigkeit bei der Raiffeisenbank

Wo ich herkomme? - Von der Bank

Es ist doch immer wieder schön, seinen nächsten anzusehen, und
dann festzustellen, dass dieser gar nichts drauf hat. Ich wüsste in
der Stadt, in der ich wohne, niemanden, der was kann. In Banken
hineingehen und das Programm eines Bankkaufmanns
herunterzuspielen oder in einem Industriebetrieb die Rolle des
Chefs zu übernehmen, ist nichts besonderes. Leute können ja in
der Stadt nicht einmal grüßen. Sie können nicht freundlich sein.
Viele können ihren Nächsten nicht einmal wahrnehmen. Sicher,
wenn ich in ein Geschäft gehe und etwas einkaufe, sind die
Verkäuferinnen schon freundlich. Nur sobald ich einen
Einzelhandel verlasse, weiß ich, dass ich in so einer Stadt nicht
wohnen möchte.

Was gibt mir überhaupt etwas in einer Stadt? Das Einkaufen, das
Herumfahren mit dem Fahrrad in meiner Freizeit, das
Sauberhalten meiner Wohnung? Wie in meiner vorigen Büchern
schon erwähnt, ist gibt viele Schwachmaten, die keinen wert auf
Freundschaft und Freundlichkeit legen, die es lieber haben, wenn
es dem Nächsten schlecht geht, mit der Begründung, dass sie ja
jeden Tag arbeiten müssen. Von solchen Leuten versuche ich
mich immer fern zu halten. Es sind in meiner Stadt ein paar nette
Orte, an denen an manchen Tagen die Sonne herauskommt, an
denen man Freude hat. Z. B. fahre ich ab und an, wenn ich
einkaufen fahre, den Königsgraben entlang und dann den
Kaisergraben hinunter. Schon die Straßennamen Königsgraben

und Kaisergraben hören sich nach etwas besonderem an. Orte, an denen früher schon Könige und Kaiser mit ihren Kutschen gefahren sind. Leider fahren an diesen Straße heute nur noch Autos. Wenn ich nach einer Radtour erschöpft bin, hole ich mir bei einem guten Kebap-Stand einen Döner und esse ihn an einer Parkbank am Kaisergraben. Dann fahre ich nach Hause und sehe mir noch einen guten Film an. Das ist so das, was man in einer Stadt, die eigentlich gar nichts besonderes ist, an einem Tag erleben kann. Also, Einkaufen, Radtour, Kebap essen, Film ansehen.

Es gibt aber auch Tage, an denen keine Sonne scheint. Es grüßt einen niemand. Es herrscht Weltuntergangs-Stimmung. Das Fernsehen bringt nichts, das ist ja bekannt. Was ist dann? Freundschaft wollen die Memminger nicht, sonst hätte ich folglich zahlreiche Freunde. Man verbringt also sein Dasein allein in der Wohnung. Sicher, kann man abends in einem netten Lokal ein Bier trinken und am Automaten ein bisschen Geld ausgeben. Sicher kann man die Eltern abends besuchen. Aber das macht nicht zufrieden. Ein Buch zu Hand nehmen ist eine Lösung, aber dann muss das Buch schon richtig gut sein. Bekanntlich sterben ja die Buchläden aus. Es gibt also keine guten Bücher mehr. Machen wir uns nichts vor, der Internethandel im Buchgeschäft verläuft genauso schleppend, wie der stationäre Buchhandel. Wir haben also nun das Fernsehen, das nichts bringen möchte, die Spielautomaten, die nur Geld einfordern und die Bücher, die schon lange nicht mehr so gut sind, so dass man unterhalten ist.
Dann ist man verlassen, oder gottverlassen, denn reden oder freundlich sein wollen ja die Stadtbewohner nicht. Mein Tipp ist der, sich ein Essen zu kochen, ein angenehme Musik laufen zu lassen und sich in seiner Wohnung mit dem zu beschäftigen, was man gerne hat.

Nicht sagen, morgen muss ich wieder zur Arbeit, ich habe keine Lust auf den morgigen Tag. Nein, jeder Tag ist ein guter Tag. Das muss die Parole sein. Von Nichts kommt Nichts. Aus schlechter Laune produziere ich nichts. Mit guter Laune kann ich alles erreichen. Gute Laune führt zu Produktivität und man steckt seinen Mitmenschen mit seiner guten Laune an.

Ich war einmal in einem Bankkurs in der Stadt Kempten. Sonja Wittenzellner, Eva Braun und Martina Kaufmann absolvierten ihn mit mir. Im Seminar der Bankkauffrauen und -männer vertraten die Damen die Raiffeisenbank Memmingen, die Raiffeisenbank Riezlern (Österreich) und ich die Raiffeisenbank Bad Wörishofen und die Raiffeisenbank Kammlach, da damals eine Fusion stattfand. Es ging um Banknoten, Börsengeschäfte und um den Marktfolgebereich. Ein Dozent, der zu der Zeit sehr nett war, sagte an einem Kurs-Abend, dass ein Kunde von ihm von der Sparkasse sich über die EC-Karte gefreut hat, als er sie am Bankschalter ausgegeben hat. Der Kunde meinte am Bankschalter: "Da ist ja ein Bild von mir auf der EC-Karte". Der Dozent vermittelte den drei Damen, mir, und denen, die sonst noch am Kurs teilnahmen aber lächelnd, dass das ja gar nicht der Kunde von ihm auf der EC-Karte war. Auf der Electronic Cash - Karte war Ludwig van Beethoven abgebildet, klärte der Dozent, Herr Vetter, dann auf. Für alle Sparkassen in Deutschland war damals der bekannte Komponist prägend, und so druckten sie ihn auf jede Karte.

Wir, also Frau Wittenzellner, Frau Kaufmann und Frau Braun und ich fuhren nach einem langen 2 1/2 Stunden Schulungsabend von Kempten dann nach Memmingen wieder nach Hause. So ging das ganze dann 2 Jahre. Gelernt habe ich von den Dozenten oder Lehrern nichts, ich schloss mit 4en ab. Die 3 Damen der Raiffeisenbank Memmingen und die 2 Damen der Raiffeisenbank Riezlern nahmen nur für ihr eigenes Ego am Bank-Kurs teil. Ich dagegen wollte in der Bank weiterkommen und ich wollte einen gesicherten Bank-Arbeitsplatz. Was ich bekam, war eine Kündigung nach der anderen. Ich war sozusagen bei jedem Rauswurf aus der Bank das Fusionsopfer. Ich war nicht verheiratet, ich hatte keine Kinder und ich hatte kein Haus, also musste ICH gekündigt werden. Herr Deyringer, der Vorstand der Raiffeisenbank Memmingen, der heute nicht mehr lebt, sagte mir, nachdem ich auch zur Raiba Memmingen durch die Fusionen vorgestoßen bin, in einem Beratungsgespräch: "Sie wollen also Möbel kaufen". Er räumte mir einen Kredit über 5.000,00 Euro ein, die mein Vater dann abbezahlen musste, denn ich hatte ja das Geld nicht. Woher denn? Ich füllte Herrn Deyringer noch ein Formular aus, das die Kredit und Kundendaten beinhaltete. Herr Deyringer war das "Urgestein" der Raiffeisenbank Memmingen. Er lief mir einmal sogar hinterher, weil er mich während des Bankgeschäfts in den oberen Räumen der Großbank ganz cool fand, und sagte vor den Überweisungsformular-Eintipp-Damen: "Mein Schatten" über mich. Ich hatte in der Raiffeisenbank Memmingen den Bankanzug von Herrn Hermann Hartge, Memminger Stadtrat und Vorstand der Volksbank Memmingen an, also ich hatte nicht seinen Anzug an, aber ich kaufte, als ich noch bei der Raiffeisenbank Bad Wörishofen, vor der Fusion mit der Raiffeisenbank Kammlach, war, den gleichen Anzug, den Hermann Hartge in der Volksbank Memmingen an hatte. Herr Hartge ist leider von uns geschieden, aber was man behaupten kann, er war ein guter und harter Bankvorstand, ich verfolgte einmal eine Rede von ihm in der Wirtschaftsschule Memmingen und in der Memminger Stadthalle. Herr Hartge war damals eindeutig gegen den Bürgernetzverein Primus. Herrn Birzle, den Chef des Internetvereins von Memmingen hätte er am liebsten gefressen. Aber so war das eben mit den Bankvorständen. Wie sollen sie sich behaupten. Mit Bonbons an die Bankmitarbeiter geht das nicht. Sie müssen schon von oben herab die Aufgaben delegieren, wie eben auch Herr Anton Deyringer, der Memminger Raiffeisen-Vorstand.

Nach der Bankarbeitszeit, sie ging 5 Jahre, war ich dann behandlungsbedürftig. Frau Ute Beyer setzte mir in Bad Wörishofen sehr zu. Sie wurde mit mir in der Dorschhauser und Kirchdorfer Bank am Schalter eingesetzt. Es gibt heute einen Film, ich glaube "Wolf of Wallstreet" heißt er. In diesem Film sieht die 2. Hauptdarstellerin an der Seite von Leonarde de Caprio genauso aus, wie Frau Beyer. Nur nehme und nahm ich damals keine Koy-Luds (Aufpusch-Drogen), sondern ich und Frau Ute Beyer waren von Herr August Filser der Vorstand der Raiffeisenbank Bad Wörishofen getreten. Getreten und gestresst, was das Bankprodukte-Abschluss-Ziel anging. Wir beide waren immer ganz hinten, wenn man uns mit den anderen Filialen verglich. Es kamen aber auch keine Kunden in die Bank. Eventuell hätten wir Bonbons, wie es sie am Weltspartag gibt, an der Schalterhalle auslegen sollen.
Oder wir hätten sie aus den Fenstern der Bank rauswerfen sollen. Alles half am Ende nichts die 2 Bankfilialen und auch die weiteren Filialen wurden geschlossen. Herr Wägele sucht heute Flaschen im Stadtpark. Ich machte Herrn Deyringer damals klar, dass ich gerne mit Herrn Wägele in der Zweigstelle in Volkratshofen zusammen gearbeitet habe. Herr Wägele hatte damals aber nur das eigene Weiterkommen im Sinn. So beurteilte er mich auf einem Formular, das an die Memminger Chefs ging, die Raiffeisenbank Illerbeuren-Lautrach-Volkratshofen fusionierte zu der Zeit mit Memmingen, schlecht, ich könne also nicht gut genug für die Bankkunden die Überweisungsformulare ausgeben und das Geld der Kunden in die Schublade einsortieren. Eine Vorgabe für das Bankprodukte-Abschlussziel gab es in dieser Bank nicht. Man wurde einfach zur Raiffeisenbank Memmingen abgeschoben. Im September 2001 folg dann

197

Muhamed Atta, ein Extremist, mit einem entführten Flugzeug ins World-Trade-Center. Alles ging durcheinander. Die Amerikaner waren schockiert. Die Araber standen auf der Abschussliste der Amerikaner. Meine Wenigkeit wurde drei Monate später aus der Überweisungs-Eintipp-Abteilung der Bank entlassen. Ich bekam von der Raiffeisenbank eine Abfindung in Höhe von 4.000,00 Euro, nur war ich dann seit Februar 2002 fast nur noch arbeitslos.

Soweit der Rückblick in die Jahre 1997 - 2002 der Raiffeisen- und Volksbanken. Heute, im Jahr 2019 bin ich wieder mit ca. 5.000,00 Euro verschuldet. Ich wollte einige gute Bücher, die ich geschrieben habe, beim Groß- und Einzelhandel hochbringen und ich spielte etwas am Spielautomaten in einem einwandfreien Lokal in Memmingen.

Noch möchte ich nicht enden mit meinen Erlebnissen in der Bank. Ich trat jeden Tag in meinem Bankanzug sauber und ordentlich um 7:45 Uhr in der Bank an. Ich grüßte jeden in der Bank, auch diejenigen, die nicht freundlich sein wollten. Ich gab Herrn August Filser, dem Vorstand der Wörishofer Bank die Hand, als ich meine Arbeitszeit (1/2 Jahr) in Bad Wörishofen anfing, und sagte ihm: "Ich komme von der Filiale Ungerhausen". Herr Filser würdigte mich kaum eines Blickes und ließ mich ohne irgendeinen Kommentar über die Raiffeisenbank Bad Wörishofen zum Bankschalter gehen. Ich könnte jetzt ewig über Bankmitarbeiterinnen und -mitarbeiter texten, die nicht freundlich zu mir waren und mich nicht kennen wollten, mich veräppelten. Von der Kassenangestellten in Bad Wörishofen bis hin zu allen Angestellten der Raiffeisenbank Bad Wörishofen. Aber das würde uns, würden wir gerade zu Mittag essen, den Appetit versauen.
Wir machen wir uns einen guten Tag? Das ist doch die Frage. Mit Raiffeisen-Angestellten aus Bad Wörishofen geht das nicht. Dann

lieber kündigen. Wie mein Kumpel aus Illertissen zu sagen pflegt: "Ein paar Chips her und dann n guten Film nei."

Bad Wörishofen hat seinen guten Namen ja vom Herrn Kneipp. Er führte das Eiskalt-Baden bei Grippe-Erkältungen ein. Sebastian Kneipp würde sich fürchten, wenn er von den Raiffeisenbankern aus sein Kneipp-Stadt hören würde. Kneippen ja - noch einmal Raiffeisenbank Bad Wörishofen: nein. Am liebsten hätten mir die Bankkollegen zum Feierabend noch Dosen hinterher geschmissen. Man hätte alle einmal ein wenig verhauen müssen, für das was sie dem Schubert angetan haben, aber dazu hatte damals niemand den Mut.

Eine der Bankmitarbeiterinnen in Dorschhausen hat einmal ein "Boehse Onkelz - Konzert" besucht. Ich war begeistert. Sie hat leider nicht so viel mit mir geredet.

Das einzige, was die Hauptkassen-Bankmitarbeitern zu mir in der Bankarbeitszeit mal gesagt hat war: "Wir haben heute eine halbe Million im Tresor im Keller." Hätte ich die klauen sollen? Sonst gab die Angestellte nie was sinnvolles von sich. Schade. Was MICH angeht. Ich war ein ruhiger, gewitzter und gewissenhafter Bankmitarbeiter. Ruhig war ich immer dann, wenn sie mich anschwiegen. Eine Bankmitarbeiterin hieß Frau Schweiger. Sie hat zu Recht ihren Namen. Einmal sagte sie: "Mir war so danach", als man sie im Bankaufzug darauf ansprach: "Warum hast du heut Leder an?"

Heute ein Bier in meiner Kneipe - immer noch besser, als RAIFFEISENBANK BAD WÖRISHOFEN 1998.

Bank hin oder her. In den Kirchen herrscht Gerechtigkeit. Das Dominikanerinnen-Kloster hat ihre Gelder von der Bank in der ich beschäftigt war, herausgenommen. Schlecht für die Vorstände

Filser Bader. Gerechtigkeit für die Kirche und ihre Anhänger.
GUT

Als ich meine Kündigung von der Hauptstelle in Dorschhausen richtig durchlas, war mir klar, jetzt ist es aus - ich würde nie wieder Bankangestellter sein. Bedenkt man mal die vielen Fusionen die damals an der Tagesordnung der Bankvorstände waren. Ich weinte. Weinend musste ich an den Schalter, weil Ute Beyer mal wieder streikte. Die Tränen waren mir von einer guten Bankkundin anzusehen. Das sprach sich unter den Kunden herum.

Einige Jahre später fuhr ich mit meinem Kia Carnival, der aus meinem Fahrservice Schubert herrührt, nach Wien. Die Hauptstadt von Österreich. Ich musste die Aussichtslosigkeit ertragen, die mir die Stadt Memmingen gab. "Aufträge bekommt nicht jeder", hieß es. Natürlich fuhr ich am nächsten Tag wieder zurück, als wäre ich ein Brummifahrer. Wie ist dagegen anzukämpfen? Ein Bier in meiner Stammkneipe macht das nicht mehr gut.

Zeit heilt Wunden.

Kapitel 18
Briefe an Deutschland bzw. dessen "Zuständige", gekonnt und zutreffend

Der Industriekaufmann, der heute in der Rente ist, möchte Deutschland die Gerechtigkeit und das Angenehme geben, das er nicht erfahren hat. Er möchte hinweisen auf ein Buch, das ebenfalls von ihm ist: Das chaotische Leben eines Bankers. Es ist sehr unterhaltsam. Bernd Schubert schulte sich im Jahr 1999 zum Bankkaufmann um. Auch war Bernd Schubert Taxi-/Mietwagenunternehmer und zwar im Jahre 2006 und 2007. Mit dem Thema Taxifahren möchte er nun mit diesem Werk sein „großes Anliegen" eröffnen:

Nachts kann man nicht mehr Taxi fahren. Die Lichter, wie Nebelscheinwerfer, Xenon-Lichter, die einem entgegenkommen sind zu grell. Ich, für meine Person kann das Taxifahren nun aufgeben, da ich mir, sollte ich weiter Taxi fahren, die Augen zerstöre. Die Regierung hat für alles ein Rezept. Einwanderer werden mit teuren Mountainbikes und teurer Kleidung ausgestattet, das Taschengeld ist auch nicht zu gering. Dass vernünftige Mitbürgerinnen und Mitbürger ehrlich ihr Geld verdienen wollen, wie beispielsweise durch Taxifahren, das auch in der Nacht stattfindet, will diese Regierung aber nicht begreifen. Vorschriften bzw. Gesetze von der Regierung, so dass einiges für die Bürgerinnen und Bürger dieses Landes erträglicher wäre, werden nicht vorgenommen oder erlassen.

Ein Auszug aus meiner bisherigen Laufbahn, später noch thematisiert, zeigt, dass man mit dieser Regierung absolut nicht weiterkommt.

Im Jahre 2005 mochte ich endlich aus meiner Arbeitslosigkeit heraus. Der Grund war, dass ich für das Arbeitsamt monatlich fünf Bewerbungen schreiben musste, an Unternehmen, die einem keine Chance beim Einstellungsverfahren geben. Ich ging zu Randstad. Randstad ist eine Arbeitsvermittlungs-Firma, die durch miese Methoden ihre Arbeiter und Angestellten an Land zieht. Randstad vermittelte mir, nachdem ich mich bei Randstad bereit erklärt hatte, für ein Unternehmen zu arbeiten, eine Arbeit bei der großen Firma Rohde und Schwarz, Elektronikteile, in Memmingen. Die Vermittlungsfirma Randstad versicherte mir, dass ich vorerst in einer Abteilung, in der Paletten von Hand beschriftet werden sollten, arbeiten könne. Aber einige Zeit später, so hieß es, würde ich eine Arbeitsstelle in der Abteilung Versand bekommen, die dem Beruf Industriekaufmann, den ich erlernt habe, gerecht wird. Nichts ahnend arbeitete ich in der Abteilung, in der ich den ganzen Tag von Hand Paletten beschriftete, für zwei Monate. Als es mir dann reichte und auch, da es mir nicht mehr so gut ging, ich war ja Industriekaufmann, meldete ich mich bei der Personalabteilung der Firma Rohde und Schwarz und bei Randstad. Auf meine Frage hin, was mit der versprochenen Arbeitsstelle im Versand sei, machten mir beide klar, dass ich noch zu warten hätte. Als ich später als Taxifahrer genau den Versandmitarbeiter von Rohde und Schwarz mit dem Taxi fuhr, erzählte er mir, dass seine Arbeitsstelle auf keinen Fall frei gewesen wäre, auch sagte er mir, dass er nach wie vor dort arbeite. Von der Firma Randstad wollte ich, als es mir dann mit der erniedrigenden Arbeit reichte, ich glaube, es war die unterste Arbeitsstelle, die man von Rohde und Schwarz überhaupt haben kann, gehen. Die einzige Möglichkeit, die ich hatte, war, mir ein Ärztliches Attest von meinem Psychiater geben zu lassen. Das Attest beinhaltete, dass eine weitere Mitarbeit des Herrn Bernd

Schubert bei Randstad in der vermittelten Arbeitsstelle bei Rohde und Schwarz zu einer schwereren psychischen Krankheit führen würde. Von einer Angestellten von Randstad musste ich mir dann noch einen empörenden Kommentar, der mich abbaute, anhören, dann wurde der Vertrag mit Randstad aufgelöst. Das lustige aber ist, dass das Unternehmen Randstad mir in der Vergangenheit schon einmal eine Arbeitsstelle, telefonisch, vermitteln wollte. Einen Vertrag mit Randstad hatte ich damals noch nicht. Randstad sagte mir am Telefon, sie hätten mir eine Beschäftigung in einem der größten Betriebe in Mindelheim, Grob. Das Unternehmen Grob, das weltweit vertreten ist, würde mir eine Arbeitsstelle mit einer sehr interessanten Tätigkeit geben. Dies war alles verlogen. Mein Onkel, der zur der Zeit noch bei Grob beschäftigt war, sagte mir damals am Telefon, dass es diese Stelle nie gab.

Mineralölindustrien müssen am Weltmarkt eine gute Position haben. Die Tankstellen, die hier das Geld einfahren, werden zu einem beachtlichen Teil auch von Taxiunternehmen reicher. Das heißt, dass die Taxifahrer der Taxiunternehmen ein sehr wichtiger Bestandteil der Diesel und Benzin – Industrien sind, die den Umsatz für die Gesamtwirtschaft eines Landes nach oben treiben. Keine Taxifahrer – keine Taxiunternehmen und damit keine gute Wirtschaft. Ein weiterer Onkel von mir durfte mir, laut Regierung, einen so niedrigen Lohn als Taxifahrer zahlen, dass es mir schon nach zwei Monaten Beschäftigung vergangen ist. Im Jahr 2005 hatten wir ja noch keinen Mindestlohn. Mit diesem Lohn hätte ich niemals eine Familie ernähren können. Meine damaligen Freundinnen hätten mich als Freund schon haben wollen, aber ich konnte nicht ausreichend Geld vorweisen. Mit einem uralten BMW und einer kleinen Wohnung, ohne vernünftige Einrichtung, ist man bei jungen Damen, die Interesse an einem haben, nicht gerade angesehen. Das war ein großer Knick für mich und ich musste auch diese Beschäftigung bei meinem Onkel aufgeben.

Heute bin ich in der Rente, das ist nicht befriedigend. Wie es zu einer Frührente bei mir gekommen ist, möchte ich mit den nachfolgenden Briefen beschreiben. Ich befand mich teilweise schon in der Rente, als diese Briefe verfasst wurden, aber das tut nichts zur Sache. Im folgenden sind nun die Briefe an unsere Regierung aufgeführt. In meine Briefe hatte ich sehr viel Hoffnung verankert, aber die Regierung brachte mir nur das Minimalste entgegen, während heute z. B. Flüchtlingen sehr großzügig geholfen wird.

<u>SPD-Parteivorstand</u>

Herrn Martin Schulz persönlich
Wilhelmstraße 141

10963 Berlin

Anliegen

Sehr geehrter Herr Martin Schulz,

es ist manchmal nicht leicht für mich, wenn ich Lust habe, zu schreiben, einen klaren Gedanken zu fassen, wenn an meiner Innenstadtwohnung zu jeder Zeit laute Autos fahren.

Es ist ja schon seit Jahren bekannt, dass Frauen lieber Karriere oder das Sagen haben wollen, anstatt sich um ihre Männer zu kümmern und das zu tun, was sich gehört.

In meinem Leben zieht sich das mit den nutzlosen Gewohnheiten der Frauen, ich habe selbst drei Freundinnen je ein Jahr, gehabt, schon seit ewigen Zeiten durch. Unsere schönen Damen der Bundesrepublik wollen nichts bringen, wollen nichts Produktives tun. Die Damen unserer Bundesrepublik wollen lieber Spaß haben und lieber ihre Mitmenschen blöd dastehen lassen.

So habe ich nie in meinem Leben, sein es in meiner Jugend, sei es in meiner Berufsausbildungszeit, sei es in meiner Freizeit, in der Zeit, als es um den Kampf gegen eine Betreuung gegen mich ging, die Chance gehabt, eine Familie zu gründen und damit ausreichend Vermögen mit meiner Familie besitzen zu können.

Ich habe eine riesige Verwandtschaft, mein Vater hat 5 Geschwister, meine Mutter hat 8 Geschwister. Meine Tanten und Onkels haben jeweils sehr viele Kinder. Auch früher schon hat es viele Königsbergers und Schuberts gegeben. Nur bei mir soll plötzlich der Faden reißen, das möchte ich nicht glauben.

Die Bundesrepublik richtet aber auch noch alles darauf aus, dass Mädchen (Frauen kann man gar nicht sagen) verachtend der Männerwelt gegenüber stehen.
„Lieber mit zahlreichen Männern ins Bett steigen, statt Kinder großziehen und eine Familie haben." – So die Frauen der Bundesrepublik Deutschland.
Das Rentensystem muss erhalten bleiben, dieses wird aber irgendwann zusammenbrechen, wenn keine Nachkommen bei den Deutschen vorhanden sind.

Nach mir die Sintflut, das ist das Motto der heutigen Frau.
Meine siebenjährige Betreuung, nach drei Krankenhaus-aufenthalten, weil ich durchgedreht habe, habe ich

den schlechten Frauen der BRD zu verdanken.

Wie Sie meinen beigefügten Unterlagen entnehmen können, habe ich auf einer Bank in … gearbeitet, bei einer Bank in … weitergearbeitet (nach der Fusion). Nach dem Rausschmiss, wegen Personalabbaus, bin ich bei einer Bank in … weiterbeschäftigt worden. Wegen Erschöpfungsgründen, die ich auch der Frauenwelt zu verdanken habe, habe ich zu einer weiteren Bank gewechselt, zu einer Bank in ….

Aus Verachtungsgründen, die gerade von der Frauenwelt in Deutschland kommt, wurde ich nach fünf Jahren Bankzugehörigkeit in meiner letzten Bank, in der ich beschäftigt war, psychisch krank. Die Folge war, dass ich dann über Jahre hinweg sinnlos arbeitslos war. Keine Dame in meinem Umfeld schaute mich an, grüßte mich, oder sonstiges.

Ich entschied mich dann, mich selbstständig zu machen, eine dritte Freundin habe ich zum guten Glück zu der Zeit gefunden. Nach zwei Jahren ging alles den Bach hinunter, weil ich keine Fahraufträge bekam, nur die Memminger Taxiunternehmen, sodass mich meine Freundin verlassen hat, da nach zwei Jahren kein Geld mehr vorhanden war. Es folgte eine Zwangskrankenhauseinweisung, da ich dann durchgedreht habe.

Durchgedreht habe ich auch, als ich als 18-jähriger einen 1-jährigen Zeitvertrag von einer Firma für Farben- und Lackherstellung bekam und als ich den Beruf Industriekaufmann schon hatte.
Zum dritten Mal drehte ich durch, ich wurde polizeilich ins Krankenhaus Günzburg eingewiesen, als ich, ich wohnte damals vier Jahre in einer kleinen Stadt, namens Illertissen, Bayern, weil ich von jener Stadt vollkommen verachtet wurde und damit mit

der ständig andauernden Ruhestörung meiner Nachbarn nicht zurecht kam, da vernünftige Frauen in Bayern nicht vorhanden waren.

Ich besuchte München wegen einer neuen Wohnung, Berlin wegen einer neuen Wohnung, Berlin aber tut nichts zur Sache, Mindelheim wegen einer neuen Wohnung, Kempten wegen einer neuen Wohnung, nur erfolgreich war ich nicht, schlampige Damen unserer Bundesrepublik Deutschland müssen ja auch eine Wohnung bekommen.

Einige behaupten, ein Schriftstück müsse vorn und hinten passen. Ein Schriftstück gehört von Spezialisten nachbearbeitet. Das stimmt nicht. Man kann doch so schreiben, wie es einem gefällt. Die Wahrheit muss vorhanden sein, es sollte grammatikalisch richtig sein und das Ziel sollte erreicht sein.

Wenn ich Damen der Bundesrepublik Deutschland beanstande, dann nur weil ich, und ich möchte behaupten, auch meine Mitmenschen würden das sagen, dass Mädchen, oder Damen heißt es ja, die nichts bringen, also unserem Land nichts nutzen, nicht dankbar sind, für das was sie von unserem Heimatland erhalten, sämtliche Staatsgelder, Zuschüsse für sämtliches, Gelder hier und da, dann möchte ich eine Verbesserung.

Mit dem Verfassungsgericht in Deutschland beschäftige ich mich schon seit Jahren, Bücher werden zurückgeschickt, Briefe werden knapp und sparsam beantwortet. Erreichen konnte ich bis jetzt nichts. Vielleicht einen Lob der Sekretärin von Prof. Dr. Andreas Voßkuhle, dem Chef des Verfassungsgerichts.

Jemand, der mit seinem Vaterland so verbunden ist, vieles geleistet hat, wie zum Beispiel das Erlernen des

Industriekaufmanns, das Erlernen des Bankkaufmanns, das Führen eines Taxi-/Mietwagenunternehmens (in einer schweren Zeit), das Erlernen des Schriftstellers, möchte sich nicht mit Schwachsinnigem abspeisen lassen.

Den 450,00 Euro – Beruf habe ich nun seit dem Jahr 2009, der Beruf, mit dem ich auch Frührentner geworden bin: Sieben Jahre Taxi Zakys, ein Jahr Taxi Kutter.

Alles was fehlt, ist eine vernünftige Dame, die sich um den Haushalt kümmert, mich lieb hat. Wenn aber unser Apparat von oben so ausgerichtet ist, dass nur Frauen belohnt werden, mit Nettigkeiten, guten Arbeitsplätzen, Vorteilen hier und da, werde ich in fünfzig Jahren noch keine Ehefrau haben.

Das möchte ich hier gerne auch noch anführen, das Bevorteilen, oder das Belohnen. In meinem Arbeitsleben in Bad Wörishofen als Bankkaufmann in der Großbank, hätte es ein gutes „Zuckerl", wo es angebracht gewesen wäre, getan. Mit „Zuckerl" meine ich eine Anerkennung vom unmittelbaren Vorgesetzten für einen Verkauf eine Sparbriefes mit einer hohen Summe, für den Verkauf eines Investment-Fonds mit einer hohen Summe oder für das „Freundlichsein" zu einem Bank-Mitarbeiter.

Ich möchte nun hier enden, da Sie auch noch anderes zu tun haben. Zusammenfassend befindet sich unser Deutschland in einem „Dschungel", aus dem wir wieder heraus müssen. Ich möchte hier auch die zahlreichen aufgenommen Flüchtlinge nennen, letztens standen zehn stark Pigmentierte am Memminger Bahnhof und wussten nicht, was sie tun sollen.

Deutschland sollte dringend verbessert werden!
Deutschland befindet sich im unaufhaltsamen Sinktrend.

Ich glaube, sehr geehrter Herr Schulz, Sie wissen, was ich meine.

Freundliche Grüße aus Memmingen in Bayern und ich hoffe, ich kann Sie einmal in meiner Heimatstadt begrüßen,

Bernd Schubert,
SPD-Mitglied

SPD-Vorstandsmitglied, Achim Schreier
Ihr Schreiben vom 2. März 2017

Sehr geehrter Herr Schubert,

vielen Dank für Ihr Schreiben an den SPD-Parteivorstand. Sicherlich haben Sie Verständnis dafür, dass Martin Schulz nicht alle an ihn gerichteten Zuschriften persönlich beantworten kann. Ich antworte Ihnen in seinem Auftrag.

Die Sozialdemokratie ist keine Partnervermittlung. Daher kann ich Ihnen leider auch nicht helfen. Wir stehen übrigens ein für selbstbewusste, emanzipierte Frauen, die heute viel leisten müssen, Beruf und Familie unter einen Hut zu bringen.

Wenn Ihre Familie doch so groß ist, dann erfreuen Sie sich doch an all den Kindern und seien Sie froh, dass Sie abends in Ihr ruhiges Zuhause gehen können und nicht statt dessen, wie die lieben Verwandten, stundenlang brauchen, bis die Kinder ruhig sind, und sie sich selber erholen können.

Wenn Sie ein moderner Mann sind, dann organisieren Sie sich selbst. Man muss sich heute halt partnerschaftlich die Hausarbeit teilen. Wenn Sie Ihre Angebetete schön verwöhnen und Ihren Teil der Arbeit übernehmen, dann bleibt die eine oder andere vielleicht länger.

Mit freundlichen Grüßen aus dem Willy-Brandt-Haus

Achim Schreier
SPD-Parteivorstand

Ich wollte ein Taxi-/ Mietwagenunternehmen in Memmingen leiten, aber ich wurde von meiner Heimatstadt, und von denen, die dort das Sagen haben, in die Knie gezwängt (Briefe):

Memmingens 2. Bürgermeister von der CSU, Herr Ferk:

Sehr geehrter Herr Schubert,

besten Dank für Ihre Schreiben per Mail und per Post, in denen Sie auf das allgemeine und persönliche Problem der Taxi-Konzession hinweisen.

In Memmingen sind sämtliche Konzessionen (für 18 Fahrzeuge) vergeben - Ihre Bewerbung steht auf Platz 1 der Ersatzliste.

Ich kann Ihnen somit zu meinem Bedauern keine andere Aussage zukommen lassen als:

> Sie müssen warten, bis eine oder mehrere Konzessionen zurückgegeben werden.
> Ich lasse bei uns im Haus überprüfen, ob sich die Verhältnisse so geändert haben, dass Bedarf für eine (oder mehr) weitere Konzession besteht.
(Für Stand-Konzessionen am Allgäu-Airport ist allerdings ausschließlich das Landratsamt Unterallgäu in Mindelheim zuständig!)
> Ich bin gerne auch bereit, auf der politischen Schiene diese Überprüfung beantragen zu lassen.

(Die örtlichen Taxiunternehmen werden natürlich gegen weitere Konzessionen ihre Stimme erheben - andererseits argumentieren Sie, sehr geehrter Herr Schubert, ja damit, dass Sie beispielsweise abends Schwierigkeiten hatten, ein Taxi zu bekommen.)

Mit freundlichem Gruß
2. Bürgermeister

Oberbürgermeister der Stadt Memmingen, Dr. Ivo Holzinger

Vollzug des Personenbeförderungsgesetztes
Ausnahmegenehmigung für die Abholung von Fluggästen vom
Allgäu Airport

Sehr geehrter Herr Schubert,

Ihr Schreiben vom 06.11.2007 habe ich erhalten und nehme auf
Ihre Ausführungen wie folgt Stellung.

Die Genehmigungsbehörde für die Erteilung einer
Taxikonzession für den Allgäu Airport ist das Landratsamt
Unterallgäu. Eine Taxikonzession für den Betriebssitz
Memmingerberg kann also nur über das Landratsamt Unterallgäu
und nicht die Stadt Memmingen erteilen.

Fahrgäste vom Allgäu Airport können aber jederzeit Ihren
Fahrservice (Mietwagen) telefonisch anfordern. Es besteht für Sie
auch die Möglichkeit jederzeit Fahrgäste zum Allgäu Airport zu
bringen.

Das Bereithalten mit Ihrem Mietwagen in der Taxispur am Allgäu
Airport ist jedoch nicht gestattet.
Ich hoffe, dass ich Ihnen mit meiner Antwort weiterhelfen konnte.

Mit freundlichen Grüßen

Oberbürgermeister

Meine letzte Möglichkeit, die mit einer Antwort von Herrn Erwin Huber, Bayerischer Wirtschaftsminister, scheiterte.

Sehr geehrter Herr Huber,

am 13.12.05 absolvierte ich erfolgreich bei der IHK-Schwaben meine Prüfung zum Taxiunternehmer. Ich ließ mich damals auch sofort auf die Warteliste der zu erteilenden Taxikonzessionen in meiner Stadt eintragen, an 1. Stelle, da sonst außer mir niemand eine Konzession beantragte.

Mit meinem Mietwagenunternehmen Fahrservice Schubert (Eine Übergangslösung bis zur Erteilung der Taxikonzession) bin ich nun finanziell am Ende wegen Auftragsrückgang und erzwungener Niedrigfahrpreise, die gerade von der AOK Bayern aufgebracht wurden.

Mein Schreiben ans Bundeskanzleramt, mit der Bitte um Unterstützung o. ä. schlugen fehl, mir wurde lediglich eine "Hotline" angeboten.
Meine Heimatstadt möchte mir keine Taxikonzession erteilen, so dass mir nichts anderes übrig bleibt, als bei der Agentur für Arbeit Sozialhilfe zu beantragen.

Mit Interesse sehe ich einer Antwort Ihrerseits entgegen.

Mit freundlichen Grüßen
Bernd Schubert

Anlage
BK vom 18.03.07

Von einem Mitarbeiter des Bayerischen Staatsministeriums bekam ich dann eine nicht weiterbringende 3-seitige Antwort. Das Klinikum Memmingen wurde überprüft, es wurden mir ausreichend Aufträge erteilt, hieß es. Das stimmte nicht. Des weiteren sollte ich mir in bestimmten genannten Fachzeitschriften Wissen aneignen.

Hinfällig waren dann noch die Anfragen um ein eigenes Firmenschild am Allgäu Airport und meine Bitte, um Anrufe, sollten Fluggäste am Allgäu Airport ein Taxi brauchen.

Herrn Schmid - Geschäftsführer vom Allgäu-Airport

Sehr geehrter Herr Schmid,

am 01.08.07 starte ich mit meinem Unternehmen Fahrservice Schubert erneut. Mein Fahrunternehmen hatte einen starken Auftragseinbruch, deswegen musste ich das Unternehmen schließen.

Herr Rolf Spitz, unser Memminger Stadtrat, empfahl mir, mich direkt an Sie zu wenden und nicht etwa an eine Sekretärin, die meine Anfragen nicht beantwortet.

Es würde mich also sehr freuen, wenn Sie mein junges Unternehmen mit Fahraufträgen unterstützen könnten. Ihr Flughafen ist mir ja schon durchs Hotel Falken bekannt, von dem ich einige Flughafenfahrten bekommen habe.

Mein Unternehmen ist auch im Internet vertreten, unter www.fahrservice-schubert.de

Mit freundlichen Grüßen
Bernd Schubert

Ihre Anfrage bezüglich Fahraufträgen

Sehr geehrter Herr Schubert,

wir möchten uns hiermit recht herzlich für Ihr Schreiben vom 28. Juli 2007 und Ihrem Interesse an einer Mitwirkung am Flughafen bedanken.

Wir werden eine Einsatzmöglichkeit in unserem Hause prüfen und bitten um etwas Geduld, da dies eine gewisse Zeit in Anspruch nehmen wird.
Wir werden uns sobald wie möglich wieder mit Ihnen in Verbindung setzen und verbleiben

mit freundlichen Grüßen
Allgäu Airport

Angebot Fahrdienst

Sehr geehrter Herr Schubert,

wir haben die Einsatzmöglichkeit Ihres Fahrdienstes geprüft.

Da wir bereits einen Fahrdienst - Transferbus - als Premiumpartner haben, ist eine Zusammenarbeit mit einem weiteren Fahrdienst leider nicht möglich.

Dementsprechend ist es uns nicht möglich, mit Ihnen einen Vertrag über Fahraufträge zu schließen.

Mit freundlichen Grüßen vom Allgäu Airport

Was die wirklichen Zukunftsaussichten eines gelernten Bankkaufmanns und Taxi-/Mietwagenunternehmers in Bayern dann am Ende sind, kann aus folgendem Schriftstück ersehen werden.

Bundeskanzleramt   Memmingen, 19.11.16
Frau Bundeskanzlerin
Dr. Angela Merkel

11012 Berlin

Schreiben an den Landgericht-Präsident Melzer und meinen Rechtsanwalt Höhn

Sehr geehrte Frau Dr. Angela Merkel,
ich bin sehr glücklich, dass Sie unsere Bundeskanzlerin sind.

Mein Buch „Die Betreuung eines Bankkaufmanns", in dem auch Sie vorkommen, findet keine Leser, ist am Markt nicht von Interesse.

Da Sie sehr geschult sind und ich Sie als Bundeskanzlerin sehr schätze, möchte ich von Ihnen wissen, ob Sie einen Tipp für mich haben, das Buch an den Leser zu bringen. Ich bin für Deutschland, fürs Bundesverfassungsgericht und für eine gerechte Kanzlerin.
In Memmingen herrsch Chaos. So lange Landgerichts-

Präsidenten nicht anständig ihre Arbeit machen, kann es kein vernünftiges Memmingen geben.

Das Bundesverfassungsgericht habe ich gestern über die Missstände meiner Heimatstadt, und vor allem über einige seltsame Vorgänge informiert. Vorgänge, die eindeutig gegen das Weiterkommen von mir, mir geht nun bald das Geld und die Lust am Taxifahren aus, gemünzt sind.

Wie Sie meinem Schreiben entnehmen können, wird man aus einem angesehenen Restaurant mit Unfreundlichkeit fortgejagt. An einem anderen Tag schleppt man mein Fahrzeug von einem Supermarktparkplatz für ca. 300,- € ab.

Mein Rechtsanwalt Höhn antwortete bis jetzt nicht auf mein Schreiben an ihn.

Den älteren Leuten geht es ganz gut in Deutschland, nur die jüngeren Leute, wie ich, können durch das „Steine in den Weg legen" der Schwachsinnigen auf gar keinen Fall ein gutes Leben leben.

Ich habe mir Mühe gegeben in der Schule, in meinen vier Ausbildungen und im Umgang mit meinen Mitmenschen. Mal bin ich gewitzt, mal arbeite ich viel, ob ein Buch schreiben oder Taxifahren, oder ich treffe mich mit Freunden aus Illertissen, Bayern, um ein bisschen Wegzugehen. Mein Kumpel Manfred ist aber dann nach einem Stadtrundgang und einer Kneipentour in Memmingen der Ansicht, dass Memmingen wie ausgestorben ist. Kein Spaßfaktor, keine Memminger, die unter der Woche nach 21.00 Uhr noch auf der Straße sind, kein Lokal, in dem man was Gesundes essen kann.

Als Bankmitarbeiter auf einer Bank in … unterhielt ich mich mit einer etwas höher in der Hierarchie eingeteilten Bankmitarbeiterin über den Charakter der Bewohner der Stadt Memmingen. Sie beurteile den Charakter als kalt und eher komisch.

Wie kann das geändert werden?

Zeitungsberichte

Schwachsinniges Fernsehen beenden

Zwangskrankenhauseinweisungen von Leuten, die es verdient haben

Gerechte Politik

Ich wünsche Ihnen einen angenehmen Tag und ich wünsche MIR eine Kanzlerin, die ihre Arbeit forciert.

Liebe Grüße aus Memmingen   Anlagen
                                   Herren Melzer, Höhn,
                                   Schumacher,
                                   REWE Handelsgroup

Bernd Schubert
Bankkaufmann i. R.

Bundesverfassungsgericht
z. Hd. Herrn Prof. Dr. Voßkuhle
Schlossbezirk 3

76131 Karlsruhe

Memmingen, …

Mein Buch – „Die Betreuung eines Bankkaufmanns"

Sehr geehrter Herr Prof. Dr. Voßkuhle,

ich möchte Ihnen heute mein aktuelles Buch vorstellen. Es soll auf Missstände hinweisen und den Lebensweg von mir der Jahre 2007 bis 2015 beschreiben.

Eventuell können Sie eine Stellungnahme zum Krankenhausaufenthalt in Günzburg und zum ein oder anderen Thema abgeben.

Was ist die Gerechtigkeit im Fall Bernd Schubert?

Ein Schadensersatz wäre die Gerechtigkeit.

Ein Betreuungsverfahren, bei dem das ganze Programm an dem Betroffenen, also an mir, durchgelassen wurde.
Verfahren, Krankenhaus, Kontrolle. Dauer des Verfahrens:
7 Jahre
Ärzte, Betreuer kamen mir nicht entgegen, so dass mein Zustand hätte verbessert werden können. Ich habe ja drei erlernte Berufe.
Werbetext des Buches:

Mein Lebensweg nach Zusammenbruch einer Selbstständigkeit, die für mich alles bedeutete. Das Buch beschreibt, wie ich mühsam wieder vom Verschuldeten und Jemandem, dem die Zukunft verbaut war, zu einem geachteten, finanziell flüssigen Taxifahrer hoch gekommen bin. Die Betreuung war mir im Weg, aber ich lernte, damit zu leben. Sieben Jahre Betreuung zeigen, dass einem durch den Betreuer nichts beigebracht wurde. Es ist schon verdächtig, wenn man gelernter Bankkaufmann ist, und dann Gericht und Betreuer der Meinung sind, grenzenlos betreuen zu müssen. Ich hatte nicht die geringste Chance, als ich gegen das Verfahren vorging.

Während der Betreuungszeit baute ich ungehindert mein Leben wieder auf.

Einer hilfreichen Antwort sehe ich mit Interesse entgegen.

Mit freundlichen Grüßen

Bernd Schubert

Anlage

1 Buch

Bundeskanzleramt
11012 Berlin

Sehr geehrte Damen und Herren,

ich wurde vom Polizeiwesen getäuscht.

Wie Sie aus beigefügten Unterlagen ersehen können, erhielt ich am 21.04.17 einen Bußgeldbescheid über 128,50 Euro. Am 29.06.2017 erhielt ich eine Kostenberechnung zusätzlich über 18,50 Euro. Vom Amtsgericht Memmingen erhielt ich am 12.06.17 ein Bußgeldverfahren gegen mich, Nr. ...
Tathergang:

Herr ..., der Mieter über mir und seine Ehefrau läuteten mit der Polizei, Polizist ..., und einer Polizistin an meiner Wohnungstür.

Herr ... (Mieter über mir) sagte vor der Polizei zu mir: Jetzt tun Sie nicht so, wir haben Ihnen einen Brief eingeschmissen.

Meine Musik, die ich laut Polizei und des undurchsichtigen Mieters über mir, der Mieter hat noch nie ein Wort mit mir gesprochen, zu laut gehabt hätte, die Musik war nicht einmal durch die Tür im Treppenhaus zu hören, störte die Mieter, über mir wohnend, und den Polizeibeamten und die Polizeibeamtin. Man würde die Musik von unten durch die Decke zu den Mietern über mir hören, obwohl die Musik auf Zimmerlautstärke von mir eingestellt war. Zusätzlich sagte Herr ..., der Mieter über mir, vor der Polizei, dass ich den ganzen Tag schon poltern würde. Ich habe meine Wohnung sauber gemacht.

Der Polizeibeamte sagte, ohne MICH über den Tathergang zu

222

befragen, zu mir: Sie bekommen eine Anzeige, aggressiv. Seine Unfreundlichkeit war nicht zu überbieten. Die beiden Polizisten wollten, dass ich noch irgendwas zum Tathergang sagte. Ich sagte: Gut, ich mache gar keine Musik. Die Polizisten gingen nach Hause. Dann schloss ich die Wohnungstür. Gibt es einen Gerichtsrevisor für dieses Debakel? Des übrigen möchte ich wissen, wer da über mir wohnt.
Freundliche Grüße

Bernd Schubert

Bundeskanzleramt:

Sehr geehrter Herr Schubert,

Ihr jüngstes Schreiben vom 10. Juli 2017 hat das Bundeskanzleramt erreicht. Sicherlich war Ihnen – wie auch schon beim zurückliegenden Schriftverkehr – die Aufgabenstellung des Bundeskanzleramtes und der Bundeskanzlerin nicht hinreichend gegenwärtig.

Die Bundeskanzlerin bestimmt die Richtlinien der Politik (Artikel 65 Grundgesetz), das Bundeskanzleramt überstützt sie hierbei.

Ihre persönlichen Lebens- und Rechtsangelegenheiten, wie Sie sie etwa in Ihrem aktuellen Brief schildern, sind nicht Gegenstand einer Bewertung oder eines Eingriffs durch die Bundeskanzlerin oder durch die Bundesregierung.

Die Bundeskanzlerin führt auch keine Rechts- und

Lebensberatung durch, sie klärt auch nicht, wer über Ihnen wohnt.

Ich darf Sie daher bitten, um Ihnen und dem Bundeskanzleramt künftig unnötigen Korrespondenzaufwand zu ersparen, sich nur mit solchen Angelegenheiten an das Haus zu wenden, die in erkennbarem Zusammenhang mit der Aufgabe und der Arbeit der Bundeskanzlerin stehen.

Mit freundlichen Grüßen

Bundeskanzleramt

Wie soll ich in Memmingen, der kleinen Stadt in Bayern, mit meinen derzeitigen Voraussetzungen, studiert war ich ja, ich lernte den Bankkaufmann und den Taxiunternehmer, wieder auf die Beine kommen?

Bundesverfassungsgericht Karlsruhe

Sehr geehrtes Bundesverfassungsgericht,

ich habe neulich vom Landratsamt Neu-Ulm einen Brief bekommen. Die Vormerkliste wird überarbeitet, ich solle mitteilen, ob ich weiter auf der Warteliste der Taxikonzessionen für Illertissen, Vöhringen, Senden und Neu-Ulm sein möchte.

In Memmingen stehe ich auf der Warteliste der Taxikonzessionen an 1. Stelle.

Ich habe es geschafft, in Memmingen ein Taxi-/Mietwagenunternehmen zu gründen und für zwei Jahre zu leiten.

Ich wäre wieder dazu bereit, ein Taxiunternehmen zu gründen und zu leiten, aber nicht wenn ich wieder von Autohändlern bzw. Kfz-Werkstätten mit meinen Autos arm repariert werde. Auch möchte ich nicht mit Niedrigfahrpreisen Patienten fahren. Krankenkassen bauen schöne Gebäude, die, die die Arbeit verrichten, und zwar die Taxifahrer und die Taxiunternehmer gehen leer aus.

Schwachsinnig bin ich nicht, was Sie aus den Anhängen ersehen können. Was mir auch nicht gefällt, ist, dass man an jeder zweiten Stelle, sei es an Auskünften, oder am Memminger oder Neu-Ulmer Bahnhof mit Menschen zu tun hat, die dort gar nichts zu suchen haben.

Einen Kredit für ein Taxiunternehmen wird es schon geben, vielleicht kann das Bundesverfassungsgericht ja mal das Kreditsystem gut erneuern.

Beschreibung zu meinen beigefügten Anlagen:

Eine Autowerbung vom Hotel Falken in Memmingen (Liebherr Bagger und Kühlschränke) habe ich bekommen und 420,00 € für ein halbes Jahr erhalten.

Taxameter und Taxialarm für 1457,45 EUR ist ein zu hoher Betrag von der ght GmbH in Memmingen.
286,39 EUR monatliche zustehende Leistung, also Einstiegsgeld,

sind eindeutig zu wenig, auf der anderen Seite sind 282,06 €
Krankenversicherungsbeitrag, monatlich, zu hoch für eine
Einzelperson.

Für Fahrer muss es wieder interessant sein, zu fahren:
Taxigehalt...

4627,24 EUR bekam ich von der AOK im November 2006
überwiesen.
Ohne weitere Ausführung.

Ich könnte sofort mit meiner Arbeit als Taxiunternehmer,
langsam, beginnen. Das ewige Herumsitzen aus
Ungerechtigkeitsgründen möchte ich nicht mehr hinnehmen.

Freundliche Grüße aus Memmingen,
Bernd Schubert

Ich widmete mich dann wieder der SPD. Durch eine
Mitgliedschaft bei der SPD erhielt ich immerhin gelegentlich E-
Mails von der Partei und zusätzlich bekam ich die SPD-Zeitung
„vorwärts".

SPD-Zeitung: „Vorwärts"

Lieber Bernd,

danke für Deine Nachricht an Katharina Barley. Sie lässt Dich grüßen und hat mich gebeten, Dir zu antworten.

Schön, dass Du bei uns bist und gut, dass Du gemailt hat. Denn in der Tat hättest Du schon zweimal den vorwärts, unsere SPD-Zeitung bekommen sollen. Der vorwärts ist die Zeitung der deutschen Sozialdemokratie, seit 1876. Online bietet sie unter https://www.vorwaerts.de/ ein aktuelles Angebot.

Ich sende Dir per Briefpost die Dezember – sowie die Januar/Februar-Ausgabe zu. Und zusätzlich den Jubiläumsvorwärts zum 140. Geburtstag letztes Jahr.

Lieber Bernd, für den vorwärts – Versand werden die Mitgliederadressen drei Wochen vor Erscheinen der Zeitung gezogen. Theoretisch könnte es darin liegen, dass Du bisher keine Ausgabe bekommen hast.

Die nächste Ausgabe erscheint am 1. April. Ich gehe fest davon aus, dass Du ihn dann auch in Deinem Briefkasten findest.

Dir alles Gute.

Freundliche Grüße

Leiter der Parteischule im Willy-Brandt-Haus

Was man sich vorstellen kann, mit einer Frührente und zusätzlich noch einer kleinen Berufsunfähigkeitsrente durch eine private Absicherung, ist man, hat man nur eine Wohnung gefunden, die eine relativ hohe Miete mit sich bringt, finanziell schnell fertig. Einen Wohngeldzuschuss gibt es in so einem Fall nicht.

Bundesministerium für Arbeit
und Soziales
z. Hd. Frau Andrea Nahles
Wilhelmstraße 49

10117 Berlin

Wohnungs-Mietzuschuss

Sehr geehrte Frau Ministerin Andrea Nahles,
ich habe eine Mietwohnung mit einer Miete in Höhe von 630,00 Euro WM.

Nun muss ich nach 1 ausziehen, mich um eine billigere Wohnung bemühen, da mir niemand Arbeit gibt. Taxifahren ist unzumutbar in Memmingen. Taxi fuhr ich von 2005 bis Ende 2016.

Warum gibt es keine Ausnahmeregelung, wenn man in Not ist und einen Mietzuschuss braucht? Umziehen aus einer etwas zu teueren Wohnung aus Geldmangel oder weil man nicht genug Zeit hat, aus Geldmangel, um die Wartezeit abzuwarten, bis man von der Stadt eine Wohnung zugeteilt bekommt ist eine Zumutung für den Mieter.

Der Memminger Wohnungsbau lässt sich schön Zeit, wenn es um einen Notstand geht, während Menschen, die es nicht verdient haben, zeitnah eine Wohnung von der MeWo erhalten. Das Siebendächerhaus meldet sich nicht, obwohl man auf der Warteliste ist und man schriftlich mitgeteilt hat, dass es sich um einen Notstand handelt. Insgesamt bin ich schon Jahre auf der Warteliste der Siebendächer Wohnungsbaugenossenschaft. Das Liegenschaftsamt Memmingen kann mir keine Wohnung zuteilen, da ich 2 Renten habe. In der Zeitung werden keine brauchbaren Wohnungen angeboten.

Es ist dringend fällig, dass das Wohngeld auch für Mieter in Frage kommt, für die ein Umzug zum Ruin führt. Ein Umzug, nur weil, ich wiederhole, die Wartezeit aus Geldmangel nicht abgewartet werden kann oder da die Wohnung zu teuer geworden ist, weil komische Arbeitgeber einen „mit Absicht" nicht einstellen wollen, weder auf 450,00 Euro Basis noch in Vollzeit. Es wird einem von dem, an den die Bewerbung geschrieben worden ist, nicht einmal ein Angebot unterbreitet.

Bewerbungen von mir an: Spedition Dachser, Urban Maschinen-bau, 3 Bäckereien, Firma Stetter, usw.

Seinen Sie so gut, liebe Frau Andrea Nahles, und ändern Sie das Wohngeldsystem.

Ich wünsche Ihnen einen schönen Arbeitstag.
Mit freundlichen Grüßen

Bernd Schubert
Industriekaufmann Bankkaufmann Taxiunternehmer Buch-Autor

Bundesministerium
für Arbeit und Soziales:

Sehr geehrter Herr Schubert,

vielen Dank für Ihr Schreiben vom 8. Mai 2017 an die
Bundesministerin für Arbeit und Soziales, Frau Andrea Nahles.
Frau Ministerin hat mich gebeten, Ihnen zu antworten.

Nach der Geschäftsverteilung der Bundesregierung fällt die von
Ihnen angesprochene Thematik „Mietzuschuss-Wohngeld" in die
Zuständigkeit des Bundesministeriums für Umwelt, Naturschutz,
Bau und Sonstige Sicherheit.

Ich bitte um Verständnis, dass das Bundesministerium für Arbeit
und Soziales nicht in die Zuständigkeiten anderer Resorts
eingreift und empfehle Ihnen daher, sich direkt an das
Bundesministerium für Umwelt, Naturschutz, Bau und Sonstige
Sicherheit zu wenden:

Bundesministerium für Umwelt, Naturschutz,
Bau und Sonstige Sicherheit
Stresemannstraße 128 – 130
10117 Berlin

Mit freundlichen Grüßen

Ministerbüro

Wohnungen sind sehr knapp, im ganzen Bundesgebiet. Deshalb teilte ich meine persönliche Wohnungsnot dem resignierendem bayerischen Ministerpräsidenten, Herrn Söder, von der CSU, mit.

Wohnung:

Bayerisches Staatsministerium für Wirtschaft
Herrn Ministerpräsidenten Markus Söder
Prinzregentenstraße 28

80538 München
Sehr geehrter Herr Markus Söder,

ich habe ein Anliegen, es geht um den Memminger Wohnungsbau in meiner Heimatstadt Memmingen. Der Memminger Wohnungsbau vergibt an mich keine Wohnung. Ich bin seit Februar 2017 auf der Warteliste bei dieser Genossenschaft als Wohnungssuchender eingetragen.

Im Mai 2017 half mir eine Memminger Stadträtin zusammen mit meinem Vater, pensionierter Polizeihauptkommissar, in einem Gespräch mit dem Vorstand der Memminger Wohnungsbau eG, mit einer Wohnung vom Memminger Wohnungsbau. Erreicht wurde, dass ich an die 1. Stelle in der Liste der Wohnungssuchenden im Memminger Wohnungsbau aufgenommen wurde.

Die Memminger Stadträtin rief dann immer wieder einmal beim Vorstand der MeWo an, es tut ja nichts zur Sache, dass Frau

Gotzes, die Stadträtin, SPD-Politikerin ist. Dem Vorstand der MeWo sagte Frau Gotzes dann im Oktober etwa: „Sagen Sie´s doch, wenn Sie dem Herrn Schubert keine Wohnung geben wollen." Einen Monat später sagte der Vorstand der MeWo, Herr Hans-Peter Fischer, der Memminger Stadträtin, Frau Gotzes: „Ich habe dies meinen Sekretärinnen weitergegeben."

Nun ist es Ende Dezember und eine Wohnung von der MeWo habe ich immer noch nicht. Ich brauche eine günstige Wohnung von der MeWo, da ich leider (leichte chronische, psychische Erkrankung) Frührentner bin (gelernter Bankkaufmann). Dadurch habe ich nur eine Gesamtrente von 1.000,00 €. (BU-Rente und Erwerbsminderungsrente)

Allein die Tatsache, dass ich vor etwa drei Monaten bei der MeWo angerufen habe und der MeWo ehrlicherweise telefonisch mitgeteilt habe, dass ich vorübergehend wieder Taxi fahre, heute fahre ich nicht mehr Taxi, und mich die MeWo dann vom 1. Platz der Warteliste der Wohnungssuchenden gestrichen hat, ist ungerecht. Der Memminger Wohnungsbau ist ein sozialer Wohnungsbau und die Tatsache, dass ich in der Rente bin, darf kein Grund sein, mir keine Wohnung bei der MeWo zu geben.

Finanziell tue ich mir nicht leicht, sehr geehrter Herr Söder. Können Sie aus diesem Grund und auch deswegen, dass die Angelegenheit bei der MeWo ungerecht ist, ein gutes Wort für mich beim Oberbürgermeister, Manfred Schilder – CSU und Aufsichtsrat bei der MeWo, oder beim Vorstand der MeWo einlegen?

Danke für Ihre Bemühungen.

Mit freundlichen Grüßen

Bernd Schubert

Das Schreiben blieb unbeantwortet.

Eine einzige Konzession für ein Taxi hätten einem Unternehmer wie mir gereicht, um persönlich und aus unternehmerischer Sicht über Wasser zu bleiben, aber die Stadt Memmingen hielt dagegen. Viele Memminger von damals und auch meine Bekannten heute sagen: „Warum haben sie Dir nicht einfach eine Konzession gegeben, die 19. Taxikonzession für die Stadt Memmingen?"

Herrn
Oberbürgermeister Schilder

Taxikonzession

Sehr geehrter Herr Schilder,

im Jahre 2006 habe ich, nachdem ich 2005 die Taxiunternehmerprüfung bestanden habe, mich auf der Warteliste der Taxikonzessionen an 1. Stelle eintragen lassen. Herr König, der damals im Gewerbeamt tätig war, trug mich ein. Herr Voigt, der ja damals schon Chef des Gewerbeamts Memmingen war, teilte mir zu der Zeit mit, dass er mir auf keinen Fall eine Taxikonzession geben werde.

Nun erfuhr ich gestern beim Taxifahren beim Taxiunternehmen Taxi Maier von einem ehemaligen Taxifahrer vom Taxiunternehmen Uhrebein, dass, als das Taxiunternehmen Özkaya in Memmingen im Jahre 2005 von der Stadt Memmingen geschlossen wurde folgendes:

Das Taxiunternehmen Taxi Özkaya hat 4 Taxikonzessionen gehabt. Nach und nach wurden durch die Stadt dem Taxiunternehmen Özkaya die Taxikonzessionen entzogen. Ich machte ja aus DEM Grund, die Taxiunternehmerprüfung, da ich ein Taxiunternehmen haben und leiten wollte. Es sind 4 Konzessionen vom Taxiunternehmen Özkaya im Jahr 2005 frei geworden, in dem Jahr in dem ich mit meinem Unternehmen anfangen wollte. Vom Taxifahrer Gogo, ein langjähriges Taxifahrer des Taxiunternehmens Maier erfuhr ich im Jahr 2005, dass 3 Taxikonzessionen vom Taxi Özkaya von der Stadt verteilt werden. Diese gingen an Das Taxiunternehmen Taxi Zakys, das Taxiunternehmen Diddl Car und an das Taxiunternehmen Maier, und zwar je 1 Konzession.

Bekanntlich werden immer ein Neubewerber mit einer Taxikonzession bedient, und 1 Altbewerber, im Wechsel. Taxi Zakys war ein Altbewerber er Warteliste der Taxikonzessionen, Taxi Diddl Car ein Neubewerber. Das Taxiunternehmen Maier war wieder ein Altbewerber. Der Neubewerber, der die 4. Taxikonzession des Taxiunternehmens Taxi Özkaya bekommen sollte wäre dann, im Wechsel, dann wieder ICH gewesen.

Zum Verständnis, es gab 19 Taxikonzessionen in der Stadt Memmingen, jahrelang. In der Zeit 2005 wurden dann aber nur noch 18 Taxikonzessionen im Bestand bei der Stadt Memmingen geführt.

Korrigieren Sie mich, wenn ich was falsches behaupte.

Gerne hätte ich Klarheit über diese Verteilung der Taxikonzessionen und den Bestand, der wohl im Jahr 2005, in dem Jahr, in dem ICH mit einem Taxiunternehmen beginnen wollte, geändert wurde.

Mit freundlichen Grüßen

Bernd Schubert
Taxiunternehmer

Personenbeförderungsrecht;
Anfrage vom 06.10.2017 bezüglich Taxikonzessionen in Memmingen

Sehr geehrter Herr Schubert,

bezugnehmend, auf Ihre E-Mail vom 06.10.2017 kann ich nach Überprüfung der Angelegenheit mitteilen, dass Sie in der Neubewerberliste für eine Taxikonzession an erster Stelle geführt werden.

Für das Stadtgebiet Memmingen gab und gibt es insgesamt 18 Taxikonzessionen. Dies trifft auch für den fraglichen Zeitraum im Jahr 2005 zu. Eine Aufstockung der Taxikonzessionen war und ist nicht vorgesehen.

Die von Ihnen bekannte Firma Özkaya verfügte bei der Betriebsaufgabe im Jahr 2005 noch über drei Taxikonzessionen, die nach Rückgabe gemäß der Altbewerber- und Neubewerberlisten vergeben worden sind. Die von Ihnen angeführte vierte Taxikonzession wurde von der Firma Özkaya bereits im Jahr 2004 zurückgegeben.

Sollte eine Taxikonzession frei werden, werden Sie von meinen Mitarbeitern entsprechend benachrichtigt.

Mit freundlichen Grüßen

Manfred Schilder
Oberbürgermeister

Epilog

Ein Flüchtling hat gute Kleidung, ein gutes Mountainbike. Er darf kostenlos, teilweise mit Einschränkungen, wohnen und er soll nicht arbeiten. Das Arbeitsamt hat mich im Jahr 2005 verrückt gemacht. Verrückt gemacht mit den fünf Bewerbungen, monatlich, die ich schreiben sollte, an Unternehmen, die viel zu hohe Ansprüche an junge Menschen stellen. Eine Flut an jungen Menschen mit Hoffnung an ihre Zukunft wurden arbeitsunfähig gemacht und damit von der Gesellschaft ausgeschlossen. Wer hat Ansehen, wenn er nicht arbeitet und mit Sperren vom Arbeitsamt unterdrückt wird?

Ich stehe nun mit der Frührente da. Ich wollte ja arbeiten, aber man ließ mir nicht Zeit (Arbeitsamt), auf natürlichem Weg Arbeit zu finden. Mit „natürlichem Weg" Arbeit finden meine ich, dass eine Arbeitssuche auch mal eine gewisse Zeit in Anspruch nimmt.

Die Gegenüberstellung Regierung und Bernd Schubert zeigt doch, dass, macht man die Regierung einmal darauf aufmerksam, wo es fehlt, die Regierung einfach wo anders mit ihrer Arbeit fortfährt. Wird die Musik bemängelt, aber nicht nur die Musik,

Filme die heute im Kino gezeigt werden, sind nicht unterhaltend, es wird von der Regierung toleriert.

Wir leben in einer wunderbaren Welt, aber wir machen nichts daraus. Mit welcher Begründung wird durch die Musik oder mit Filmen nicht das Gute gezeigt? Wieso werden den Bürgerinnen und Bürgern eines Landes nicht Vorteile eingeräumt. Wieso werden Bereiche, wie angenehmes Arbeiten, Freizeitgestaltung, annehmbare Urlaubsangebote usw. nicht angeboten? Für meinen Urlaub, den ich letztes Jahr hatte, brauchte ich nach dem Urlaub einen Rechtsanwalt. Warum arbeitet die Regierung gegen die Bevölkerung und nicht für sie?

Mein grundlegender Gedanke war schon immer: Zufriedene Arbeiter und Angestellte bringen mehr Leistung. Ein gesundes Miteinander in der Arbeitswelt aber auch in der Freizeit ist für Jedermann von Interesse und Gewollt. Unsere Regierung beherbergt aber leider Mitarbeiterinnen und Mitarbeiter, die das nicht wollen. Für diesen Missstand gibt es Gefängnisse. Leute, die Ungerechtigkeit im Lande bevorzugen, gehören aus ihrer Tätigkeit herausgenommen. Das Heimatland verdient eine Leitung mit hoher Gestaltungsfähigkeit und logischem Denken. Die Bewohner eines Landes haben das und nichts anderes verdient.

Das Resultat einer ungerechten Regierung zeigt folgendes:

Ein total fitter Frührentner will Deutschland mit seinem Buch in Ordnung bringen,

der Autor Bernd Schubert.

Gemälde vom Januar 2020

Das Weiße Haus

Zug in der Winterlandschaft